現代暴力論

「あばれる力」を取り戻す

栗原 康

角川新書

はじめに——暴力を肯定しなおす

我々は一方的に暴力をふるわれている

本書は、暴力をテーマにあつかう。もっとはっきりいえば、暴力を肯定したいとおもっている。そんなことをいっていると、わたしがいかにもマッチョで攻撃的な人間であるかのようにおもわれてしまうかもしれないが、そんなことはない。まったくの逆である。わたしは身長一七三センチで、体重五二キロ。ひょろひょろしていてムダによわい。筋肉なんてほとんどなく、たぶん女子とたたかっても負けるくらいだ。じっさい、むかしつきあっていたコと腕相撲をして負けたことがある。じゃあ威勢だけでもいいのかというと、そんなこともない。ひとにどなり声をあげることなんてめったにないし、声がちいさくて、なによりほとんどしゃべらない。ひといちばい気もよわく、わたしはみた目のよわさからか、よくしらないひとに因縁をつけられたり、とつぜんひっぱたかれたりするのだが、そんな理不尽な目にあっても、なんだかヘラヘラしてしまって「すみません」といってしまう。よわいのだ。

そんな人間が、どうして暴力を肯定しようなんていっているのかというと、それはいま、わたしたちが一方的に暴力をふるわれていて、にっちもさっちもいかなくなっているとおもったからだ。個人のレベルじゃなく、もっとおおきな社会的暴力がふるわれていて、しらずしらずのうちにそれにしたがわされている。それは暴力によって支配されているということなのに、なんだか服従することがあたりまえになってしまうと、そうしないのがわるいことだとおもわされてしまう。おかしい、いやだ、さからいたい。せめて、あらがうための力を手にしたい。いやいや、いつの時代のことをいっているんだ、この現代社会で暴力なんてふるわれていないよというひともいるかもしれないが、そんなことはない。わたしは、とくに福島《ふくしま》の原発事故以来、そういう社会的暴力というか、支配のための暴力が、より露骨になってあらわれているのではないかとおもっている。ここですこし、わたしの体験をまじえてはなしてみよう。

わたしは大学の非常勤講師だ。現在、三六歳。埼玉《さいたま》の実家で暮らしている。二〇一一年三月一一日、東日本《ひがしにほん》大震災の日は、ちょうど春休みだったこともあって、家でゴロゴロしていた。震災直後は、いつものようにテレビづけの毎日だ。それでも、いやそれだからかもしれないが、わたしはつぎの日からの数日間、自分が異様な雰囲気につつまれていくのを感じていた。びっくりするくらい、空気がおもい。テレビをみれば、あきらかに原発建屋がふっとんでいて、火をふいている。爆発した原発からは、放射能がとびちっていて、収束の見込みはぜんぜんない。だれがどうみてもキケンである。なのに、テレビではいつも枝野《えだの》官房長官が「ただちに健康に影響はありません」とおなじ文言をくりかえしている。ウソっぱちだ。ぜったいにみんなそうおもっていたはずなのに、マスコミをつうじて政府発表がたれながされていると、いつのまにかそれにすがりついてしまう。もちろん、放射能はビュンビュンとびかっている。でも、会社はふつうにやっていて、おおくのひとがいまやれることをやろうとかいいはじめている。やがて放射能のはなしはタブーとなり、よけいな心配をするのはヒステリーだとか、パニックをおこしているとかいわれるようになる。あたりまえのことをあたりまえのようにいうことが、嘲笑《ちょうしょう》のまととなり、恥ずかしいことだとおもわされる。ひどい、こわい、おそろしい。

あまりのショックに、みんな思考が停止してしまったのだろうか。じっさい、原発が爆発している映像をみて、ぼう然としてしまったひとはおおいはずだ。わたしもそのひとり。なにもしたくない、なにも考えられない。よほどボーッとしていたのか、当時、物資が不足していたので、両親が水や電池を買いだしにいったのだが、そのとき「なにかほしいものはないか、買ってくるよ」といわれて、わたしはおもわず「赤ワイン」とこたえてしまった。ぜったいに必要ない。でも、両親がスーパーにいったら、水も電池もなかったが、酒はうんとあまっていたらしく、ほんとうに赤ワインを買ってきてくれた。それで一日、二日、飲んだくれた。うまい。そうこうしているうちに、友人にさそわれて愛知《あいち》県に逃げることになった。三月一四日、リュックをせおって家をでる。いまでもおぼえているのは、あのときのなんともいえないうしろめたい気持ちだ。年老いた両親をおいていくからとか、そういうことではない。なんだか世間から後ろ指をさされているというか、わるいことをしているような気がしたのである。

それにしても、国家というのは、ほんとうにおそろしいもので、どうやって経済をまわすのかということしか考えていない。人命よりも、秩序安寧。それが至上命題であり、いうことをきかない者にたいして、負い目をせおわせようとする。わたしのように、あまりはたらいていない人間でさえ、みょうなプレッシャーを感じたくらいなのだから、仕事をもっていたり、家庭をもっていたりしたらなおさらだろう。東北関東《とうほくかんとう》はあぶないとかいって、みんなが逃げだしたら経済がとまってしまう。それは秩序紊乱《びんらん》というべき事態であり、まわりのめいわくになることだ。たとえ自分の命が犠牲になったとしてもふんばらなくてはならない。ようするに、死んでもいいからいまうごいている経済を、秩序をまもれというのである。まるで、戦争でもやっているみたいだ。国家というか、社会というか、とにかく一方的に暴力がふるわれている。

反原発デモにいく

三月末、そろそろいいかとおもい、実家にもどる。東京《とうきょう》では、すでに東電《とうでん》にたいする抗議行動や反原発デモがよびかけられていた。四月一〇日、高円寺《こうえんじ》のデモにいく。わたしは二〇代のころから、ちょくちょくデモにいくようになっているのだが、高円寺でデモがあるときはせいぜい数百人くらいだ。でも、この日はぜんぜんちがっていた。駅に着いて、トイレにいくとめずらしくひとがズラッとならんでいた。ようやく便器にたどりつくと、たまたま、となりにしりあいの社会学者Sさんがいた。「きょうはなんだかひとがおおそうな気がしますね」。そうはなしかけると、Sさんもニコニコしながらこういった。「これ、みんなデモ参加者でしょう」。おたがい、なかば冗談のつもりだ。でも、いっしょに集合場所の公園にいってみると、はなしていたことが現実になっていたことがわかった。ひとがあふれていて、公園にはもうはいりきれない。パッとみただけでも、一万人はこえている。わあ、すごい。

デモもめちゃくちゃ解放感があった。ふだんデモというと、警官隊にびっしりはさまれていて、やれ三列をまもってあるけとか、はやくあるけとか命令されるのだが、この日はいかんせん人数のわりに警官がすくない。もうやりたいほうだいだ。みんな道路いっぱいにひろがってみたり、わざとゆっくりあるき、すきまがあいたらダッシュして、うぉぉーと気勢をあげてみたりしている。ところどころ日の丸をかかげた右翼みたいな人たちもいるのだが、いかつい坊主の兄ちゃんが、バカでかい黒旗でそいつらをバシバシとたたき、日の丸をひっこめさせたりしている。たのしい。なにより、わたしはみんながおなじようなことを考えていた気がしてうれしかった。もちろん原発をとめたいとか、政府、東電ふざけんなとか、そういうおもいもあった。でも、それだけじゃない。あの重苦しい雰囲気というか、せおわされた負い目みたいなものをふりはらいたいというおもいがつよかった。デモには、そういう気分があふれていたのだ。

　そうこうしているうちに、気づいたら一年がすぎていた。原発はぜんぶとまっていて、再稼働しそうだから、それに反対するデモや抗議行動がよびかけられている。六月か七月くらいだったろうか、官邸前デモがよびかけられていたのでいってみた。地下鉄の国会議事堂前《こっかいぎじどうまえ》駅に着くと、駅構内からものすごい人だかりになっていた。あとでテレビをみたら、その日は一〇万人ちかくあつまっていたのだという。たしかにひとはおおい。でも、一年まえのデモとは様子がかわっていた。駅の出口のほとんどが警官によって閉鎖されていて、ひとつの出口からしかだしてくれない。それも警官が規制をかけていて、数分おきにちょっとずつしか外にでられない。ディズニーランドのアトラクションまちのような行列だ。いらだった若者が「ジャマなんだよ」と警官にくってかかっているが、そこにスタスタと腕章をまいた二〇代くらいの女性がやってきた。デモ主催者というか、ボランティアスタッフみたいなものだろう。わたしは「まあまあ」といなすくらいのことをするのかなとおもっていたら、その女性は大声をだしてこういった。「おまわりさんのいうことをきいてください。お仕事のめいわくでしょう」。どうかしている。

三〇分くらいしてようやく地上にでると、あまりの混雑にあるく場所さえありはしない。歩道をまっすぐいけば官邸まえなのだが、警官がテープで阻止線をはっていてすすめない。とうぜん車道側には警官隊がびっしりで横にそれることはできないし、うしろにもどろうにも後方の人だかりをきるためか、やはり警官が阻止線をはっていてもどれない。友人から電話がかかってきて合流しようというが、ちがう駅からでたようで、ぜんぜんあえない。まいった。ひとが増えるにしたがって、ぎゅうぎゅう詰めになっていき、暑くて、暑くてたまらない。くるしい。わたしは水が飲みたくなって、カバンをゴソゴソやっていると、となりにいたおじさんが、「ううっ、ううっ」とうめき声をあげている。だ、だいじょうぶか。そうおもった瞬間、おじさんはなにかブツブツいいながら、ひとり警官隊につっこんでいった。車道にでる気だ。すごい。まっていましたといわんばかりに、みんながおじさんについていく。いっきに警官をおしのけて、道路にひとがなだれこんだ。みんな解放感に酔いしれる。

おおきな歓声があがった。ふとあたりをみわたすと、まえでもうしろでもおなじことがおこっている。道路占拠だ。

わあい、涼しい。わたしもうれしくて、小躍りしてしまった。でも、しばらくすると、スピーカーから「今日のデモはこれで終わりにします」と、そんな声がきこえてくる。警官かなとおもってみてみたら、主催者の腕章をつけたひとがしゃべっていた。なにをいっているのだろう、やっとたのしくなったのに。そうおもっていると、歩道から腕章をつけた人たちがこうさけんでいる。「おまえら、なにがしたいんだ」。べつになにもしたくない。さらにつづけてこういった。「これでデモができなくなったらどうするんだ。おまえらのせいで再稼働をとめられなくなるんだぞ」。わたしたちは、なにかわるいことでもしているのだろうか。なんだか、ひどい負い目を感じさせられる。

たぶん、こういうことなのだろう。官邸前デモは、毎週のようによびかけられている。主催者はひとを大量動員して、なんどもなんども首相や議会に圧力をかけたい。そのためにはデモ参加者はおとなしくして、問題をおこさないようにしなくてはならない。つぎがなくなったらこまるからだ。とりわけ、原発という生死のかかった問題では、ぜったいにそうしてもらわなければこまるというのだろう。有効な方法だ。でも、そのために、ひとをモノみたいにあつかってもいいのだろうか。これでは震災直後に政府がやっていたこととかわらないのではないだろうか。しかも、そうおもったとたん、またスピーカーから声がきこえてきた。「暴力行為はやめてください」。ちくしょう。ふと、ため息をついて空をみあげると、ポンポンとペットボトルが宙をまっているのがみえた。警官や主催者のほうにとんでいく。わたしは率直にこうおもった。ざまあみやがれ。

生は永久の闘いである

わたしの体験談はこんなところだ。いろいろあっておもったのは、もういちど暴力について考えてみたいということであった。暴力の準備をしなくてはならない。わたしはこの十数年、大正時代のアナキスト、大杉栄《おおすぎさかえ》を研究している。アナキストというのは、だれの命令もききやしない、やりたいことしかやりたくない、そのためには暴力だってなんだってやってやるんだという人たちである。なかでも、大杉はとにかく自由奔放にあばれまくっていたひとであり、また日本ではじめて暴力を理論化したひとでもある。かれは暴力について、そしてひとが闘うということについて、こんなふうに述べている。

生は永久の闘いである。
自然との闘い、社会との闘い、他の生との闘い、永久に解決のない闘いである。

闘え。

闘いは生の花である。

みのり多き生の花である。

(大杉栄「むだ花」『大杉栄全集 第2巻』ぱる出版、二〇一四年、一三五頁)

大杉によれば、生きるということは、暴力をふるうということだ。あばれたい、おもうぞんぶん生きてみたい。あれがしたい、これがしたい。もっとしたい、もっともっとしたい。まわりのことなんて気にせずに、やりたいことだけやっていたい。ほしいものでもみつければ、がむしゃらになって力をふるう。それがあばれゆく力、暴力だ。もちろん、そんな力を行使しつづけていたら、他人とケンカになって、なぐる、ける、ときには死にいたることだってあるかもしれない。でも、それを避けずにくりかえしていくことでしか、ひとがひとの人生をきりひらいていくことなんてできやしない。暴力とは、自分の人生を自分でかたちづくることであり、自律的に生きていこうとすることである。とても大切なことだ。

でも、いまの世のなかでは、この力がなかなか行使できなくなってきている。支配のための暴力とでもいえばいいだろうか。ひとにぎりの人間が暴力を独占し、それ以外の暴力をみとめようとはしない。はじめからこう考えるべきだとか、こうふるまうべきだとか、そういうのがぜんぶ決められていて、さからえば犯罪者あつかいされてとりしまられる。それがあたりまえになってくると、いわれたとおりにしないことが、倫理的にわるいことであるかのようにおもわされ、自分からいうことをきくようになってしまう。暴力の簒奪《さんだつ》、自己放棄だ。それは生きるよろこびをうしなうということであり、とても息苦しいことだ。わたしたちは、こういう暴力をしりぞけるために、いまいちど暴力の力を手にすることができるだろうか。

生きのびるのではなく、生きたいとおもう

なんにせよ、暴力は生きるということと密接にむすびついている。はなしをわかりやすくするために、フランスで活躍していたシチュアシオニスト、ラウル・ヴァネーゲムの議論を援用しておこう[1]。かれは、生という概念を二つにわけて説明している。

生きたいとおもうこと（Desire to Live）
生きのびること（Survival）

前者は、無限の可能性をひめて生きるということだ。ひとはいつだってなんにだってなろうとすることができる。実現できるかどうかはわからない。でも、それをやってみることはできる。ひとの生きかたには、はじめから目的や方向性がさだめられているわけではない。そのつど、ああしたい、こうしたいと方向を変えていくほうがふつうである。生きたいとおもうことは、そうやって縦横無尽に変化していく生きる力のようなものであり、ほんらい、それをあばれてゆく力、暴力というのだろう。

　これにたいして、後者はただ生存のために生きることである。ひとの生きかたに目的や方向性がさだめられ、それにしたがって生きることがもとめられる。ひとつの価値尺度がもうけられ、ヒエラルキーをもった秩序がなりたつことになる。そのなかで生きていくためには、他人をけおとしてでも上にはいあがろうとしなくてはならない。生きのびるということは、生きる力を動員するということであり、ほんらい無目的であった暴力に目的をあたえ、秩序をつくりだしたり、それを維持したりすることである。とくに厳密な定義がしたいわけじゃないが、そういう支配のためにもちいられる暴力のことを、権力といってもいいのかもしれない。

　そう考えてみると、わたしが原発事故以来感じていたのは、生きのびるための権力が、やたらとつよくなっているということだったのだとおもう。危機的状態だったのだから、それはそうだろう。でも、おかしいのは、政府や企業が生きのびるためにといって、人命ではなく秩序をまもろうとしたことである。それがあんまりつよくなりすぎたので、もっとふつうに生きたいというひとがふえて、反原発デモとか、暴力の力を手にするひとがおおくなった。しかし、そのデモにしても、いつのまにか秩序の動員力にのみこまれていて、ひとつの目的が設定されてしまっている。議会に圧力をかけること以外はやってはいけない。デモの主催者が正当な暴力を手にしていて、それにさからう人たちは「暴力的」といわれて非難される。権力だ。

いま、わたしたちは、徹底的に生きのびさせられている。原発推進派にしても反対派にしても、よりよく生きのびようとあらそっているだけのことだ。もちろん、原発を推進するよりは、反対するほうがぜんぜんよいのだが、それでもはっきりといっておかなければならないのだとおもう。生きのびるということは、死んだように生きるのとおなじことだ。他人によって生かされるのではなく、自分の生を生きていきたい。どうしたらいいか。暴力だ、暴力しかない。わたしたちはこれまで生きのびるために、生きのびさせられるために、暴力をふるわれつづけてきた。そろそろ、この支配のための暴力を拒否したっていいはずだ。生きたい、生きる力をあばれさせたい。暴力、よし。いつでも準備はできている。「生は永久の闘いである」

本書の構成

本書では、おもに大杉栄とその周辺にいたアナキストをとりあげる。かれらの思想と行動には、いま現在、わたしたちが考えるべき暴力についての論点が、ほとんどといっていいほどあらわれている。なにより、明治・大正時代の国家は、アナキストにたいしてむきだしの暴力をふるっていたし、アナキストの側も、ほんきでそれにあらがい、みずからの暴力を手にしようとしていた。さきほども述べたように、わたしはいまの権力をどのように分析し、その権力をどのようにしりぞけることができるのかということに関心をもっている。本書では、そうしたことを考えるための一助として、アナキストの暴力とその可能性をほりおこしたいとおもっている。

第一章では、大杉が国家の暴力について、どのように論じているのかをみていきたい。大杉によれば、国家の起源は、戦争による征服であった。戦争捕虜を獲得し、殺さないかわりに奴隷としてあつかう。はじめ、奴隷は死の恐怖から主人にしたがっていただけであったが、しだいにそれを自己正当化するようになっていく。自分たちは、わるいことをしたから奴隷になったのである、主人をよろこばせ、罪を償わなくてはならないと。生の負債化だ。大杉は、これを奴隷根性とよび、あらゆる道徳、法律、経済の基礎になったと述べている。国家はひとを生きのびさせるための秩序をつくり、それを生の負債化によって維持している。そういう装置みたいなものだというのである。

ちなみに、大杉が国家の暴力について考えるさい、いつも念頭においていたのは、一九一〇年の大逆事件だ。この事件で、大杉は兄貴分にあたる幸徳秋水《こうとくしゅうすい》を亡くしている。戦争捕虜とおなじで、ひとは奴隷になることをこばめば、いつだって殺されかねない。大杉やその周辺のアナキストたちは、そういう緊張感のなかでものを考えていた。本章では、兄貴分であった幸徳がなぜ殺されたのか、大逆事件の背景とかれの思想についてもふれてみたいとおもっている。

第二章では、大杉の議論を前提としながら、現代国家の暴力について理解をふかめていきたいとおもっている。とりわけ原子力発電所は、たんなるエネルギー供給施設ではなく、そこではたらく人びとや、近隣住民を生きのびさせる機能をもっている。強調しておくと、生きるのではなく、生きのびさせるのである。原発事故をおこしたら、どうなってしまうのか。死の恐怖、そしてまわりへの迷惑を考えて、原発作業員は仕事をサボることなんてできないし、たとえ近隣住民が原発に反対していても、電力会社の人間を追放することもできやしない。はじめから、そうしたことをするのがわるいとおもわされているのだ。生の負債化である。わたしは三・一一の原発事故から、それがひとつの地域ばかりでなく、東北関東の一帯に全面化しているのではないかとおもっている。

第三章では、大杉の思想に注目しながら、生の負債化からの解放について論じたいとおもっている。大杉によれば、ひとが生きたいとおもうその力に、はじめから目的なんて存在しない。生きるということは爆弾みたいなもので、どんな方向にでもひろがっていく。ああしたい、こうしたいとおもったら、そのためにみずからの力をどんどん拡張していく。国家のように、それをひとつの目的にむけてかこいこもうとする力もあるが、いくらかこいこもうとしてもムダなことだ。あばれて火花を散らし、四方八方へとひろがっていく。ほんとうの意味での暴力だ。大杉は、そうした思想を当時もりあがっていた労働運動、とりわけストライキの文脈で論じているが、そのイメージをかたちづくったのは、あくまでみずから経験したデモや暴動であった。本章では、そうした大杉の具体的な経験にもふれてみたいとおもっている。

第四章では、暴力と権力について、より身近な恋愛や家族にそくして論じてみたいとおもっている。生きたいとおもうその力が、もっともストレートにあらわれるのは社会運動ではない。恋愛や子育てのような愛情であったりする。でもふと気づけば、そういう力が生きのびるための秩序にからめとられてしまう。家族を媒介として、父母、親子、兄弟姉妹のような役割設定がなされていて、ある目的のために生きることがしいられる。家族は、世のなかの道徳規範がもっとも直接的にはたらく場所だ。これにさからうような恋愛をしたり、子育てをしたりすれば、そのひとはもうろくでなし。本章では、大杉とのダブル不倫、自由恋愛をくりひろげ、世間から猛烈なバッシングをうけながらも、みずからの愛をつらぬいた伊藤《いとう》野枝《のえ》に注目し、かの女が愛と暴力について、どんな思想を展開していたのかについて論じていきたいとおもっている。

第五章では、テロリズムについてあつかう。一九二三年、国家は、震災のどさくさにまぎれて、生きのびることを拒否していた大杉と伊藤を虐殺してしまった。生きのびようとしていないのだから、殺したってかまわないだろうといわんばかりだ。でも大杉の死後、その周辺にいたアナキストたちが、復讐戦《ふくしゅうせん》を開始する。テロリズムだ。その中心にたったのが、ギロチン社の中浜哲《なかはまてつ》である。かれは、大杉以上に生きのびることを拒否していた。日常生活をおくっていると、どうしても生きのびようとしてしまう。そういう自己を否定しつくすことはできるだろうか。中浜は、そのための手段として、おのれを捨てさるテロリズムをよびかけた。自爆にちかい。生きたいとおもうがゆえに、死んでしまうこと。わたしたちは、中浜のような思想をどのようにうけとめればいいのだろうか。もしかしたら結論はでないかもしれないが、こうした点についても、ふれていきたいとおもっている。

最後に、以上のようなはなしをふまえたうえで、もういちど現代の問題について考えてみたい。いま、政府も企業も社会運動も、ひとを生きのびさせることに必死である。わたしたちは、そういう国家の暴力を解除して、生きたいとおもうその力を解放することはできるのだろうか。正直にいってしまえば、大杉も伊藤も、幸徳も中浜も、本書であつかうアナキストは、みんな国家によって血祭りにあげられている。わたしたちは、それでも暴力を手ばなさない、力をあばれさせることをあきらめないということができるのだろうか。本書をつうじて、こういえたらいいとおもう。あたりまえだ。

（1）Raoul Vaneigem, The Revolution of Everyday Life, Black & Red, 1972 の「序論」を参照のこと。以下のサイト（http://library.nothingness.org/articles/SI/en/pub_contents/5）でよむことができる。原文はフランス語で、一九六七年に出版されている。もうすぐ邦訳（『若者用処世術概論』谷口清彦訳、夜光社）がでるので、たのしみにしたい。

目次

「俺はすっかり偉くなったんだぞ」／生の乱調をまきおこせ／『水滸伝』は暴力論の教科書だ／飲めば飲むほどつよくなる／道具は捨てろ、武器をとれ／山賊の武器はイモだ／「自我の皮を、棄脱して行かなくてはならぬ」／永遠のゼロをつかめ／労働者は古代国家の奴隷とかわりない／工場の山賊たち／職人に労働者の仮面がかぶせられる／ケンカ上等のストライキ／みんな勝手に踊ればいい／米騒動を見る、煽る／米騒動の哲学――この酔い心地だけは

生きのびるための恋愛か、それとも恋愛をして生きるのか？／恋愛の神様／四角関係／吹けよあれよ、風よあらしよ／「ああ、習俗打破！　習俗打破！」／「この貞操という奴隷根性を引きぬかねばならぬ」／愛の力が家庭のなかに囲いこまれる／家庭をけとばせ！／現代でも、女性は所有物にされている／浮舟の哲学／直接行動としての自殺？／自分の生命をしばっている人間の縄をたち切るのだ

凡例

一、引用文は、読みやすさを考慮して現代表記とし、必要におうじて、漢字をひらがなにあらためている。
一、本書の登場人物の年齢は、すべて満年齢で統一している。

第一章　国家の暴力

——我々は奴隷根性を植えつけられた

国家は収奪とカツアゲをする

国家とはなにか。正直、ふだんからそんなことを考えているひとはいないだろう。わたしもそんなに興味をもっているわけではないし、もちたくもない。でも、いやおうなく、意識させられてしまうときがある。たいていはムカつくときだ。なんとか税とか変な名前がついていて、そこに住んでいるだけでカネをむしりとられたり、せっかくはたらいたのに給料をもらうまえからカネをぶんどられていたり、モノを買うにしても値段以外にカネがかかったりする。意味がわからない。いちゃもんをつけることも、逆らうこともできやしない。問答無用だ。いや、国会できめられたことなのだから、どこそこの政党とか政治家とかにたのめば、なんとかなるというひともいるかもしれないが、そんなことはない。だれからしぼりとるのか、それをどうつかうのかにちがいがあるだけで、基本的に税をとろうとすることにはかわりない。これを収奪といってもいいだろうか。有無をいわさずに、税をむしりとる。まちがいない、それが国家だ。

あるいは、実感としてあるのは警察だろう。東京《とうきょう》にでて街をふらふらしていると、警官に声をかけられる。「ちょっとカバンのなかをみせてください」。職務質問だ。わたしはいつもけっこう身ぎれいにしているので、あまり声をかけられたことはないのだが、いそぎの用があり、ヒゲをそりわすれたときに、いちどだけやられたことがある。もう一〇年くらいまえ、たしか地下鉄の飯田橋《いいだばし》駅のなかだったとおもう。改札をでたら、背がたかくて肩はばのひろい、そしてストレス太りだろうか、ブタのようにうんと腹のでた警官二人組にとめられた。カバンをみせろといわれる。なんでしらないひとにみせなきゃいけないんだろう。わたしはイヤだったので、「いそいでいます」といってとおりすぎようとすると、警官はさっと両手をひろげて、いく手をはばんできた。巨大なブタ二匹がとおせんぼしている。こわい。わたしは小さいころから、カツアゲにもあったことがなかったので、あたまが真っ白になってしまった。ブルブルとふるえがとまらない。

どうしよう。わたしは「これって、任意ですよね」ときいてみたが、警官は「はい」というだけでピクリともしない。じゃあじゃあということで、強引にすりぬけようとすると、警官はぜったいにとおすまいと、バシッと肩をぶつけてきた。いたい。わたしはふっとばされて、ふらふらしてしまったが、警官はそのすきをつくかのようにとつぜん大声をあげた。「あなた、なにかやましいことでもあるんですか」。道ゆく人たちが、わたしをみる。恥ずかしい。これじゃまるで犯罪者じゃないか。そのまま一五分くらいねばったが、とおしてくれない。わたしはうしろにひきかえし、改札のなかにもどることにした。さすがについてこない。電車にのって、べつの駅でおりた。その日は飯田橋のモスバーガーで、大学の先輩とまちあわせをしていたのだが、一時間くらい遅れてしまった。さいしょは怒られたが、事情をはなすとわかってくれた。「オレにも経験があるよ、ほんとうにくやしかったでしょう」。いつもは時間にきびしい先輩だったので、なんだかうれしくて半泣きになってしまった。しかし警官というか、国家というか、いったいなんなのだろう。ひとに恐怖と恥辱をあたえ、ムリやりいうことをきかせようとする。収奪とカツアゲだ。やっていることはひどいことばかり。わたしは端的にこうおもっている。肥えたブタはかならず食われる。

国家は征服からはじまった

わたしがふだん国家について感じているのは、こんなところだ。おそらく、まちがってはいない。でも、こんなことばかりいっていてもなんなので、「はじめに」でいったとおり、大正時代のアナキスト、大杉栄《おおすぎさかえ》が国家についてどのように論じていたのかをみていきたいとおもう。もしかしたら、大杉のことをあまりしらないというひともおおいかもしれないが、一九二三年九月、関東《かんとう》大震災のときに、憲兵隊によって虐殺されたひとだということは、日本史《にほんし》の教科書かなにかで、けっこうおおくのひとがしっているだろう。じゃあ、なんで殺されたのかというと、かれがいっていたこと、やっていたことがヤバかったからである。アナキズムだ。

アナキズムというのは、語源をさかのぼってみると、「なにものにも支配されない状態」のことを意味している。自分のことは自分できめることだといってもいい。とうぜんながら、ひとがひとを支配することをみとめないわけで、国家なんていらない、クソくらえというわけだし、たとえいまみたいな議会制であったとしても、それはひとにぎりの議員が政治の意思決定を独占しているわけで、ひとがひとを支配していることにかわりはない。どんな支配にも、どんな統治にも反対する。ガバメントなんていらない。アナキズムが、「無政府主義」と訳されるのはそういうわけだ。ようするに、大杉は、最終的には国家に血祭りにあげられてしまうわけだが、そうさせてしまうくらい、国家はいらないといったり、なくそうとしたりしていたのである。

　では、そんな大杉が国家をどのようにとらえていたのか。もうすこし、くわしくみていこう。いまではあまりもちいられることがないのだが、大杉は当時流行していた征服国家説にもとづいて、みずからの考えを展開している。

　征服だ！　僕はこう叫んだ。社会は、少なくとも今日の人の言う社会は、征服に始まったのである。

（大杉栄「征服の事実」『大杉栄全集 第2巻』ぱる出版、二〇一四年、一〇三頁）

　いかなる社会も、かならず征服からはじまっている。それがここでいわれていることだ。大杉によれば、もともと原始時代の人間は小部族にわかれ、移動しながら生活をしていた。狩猟採集がおもな生活手段であり、なかば獣のような生活であったが、戦争をしたり、ひとがひとを支配したりするようなことはなかった。そんな必要がなかったからだ。しかし、それぞれの部族の人数がふえてくるにつれて、ちかくにいた部族同士で接触する機会がおおくなり、やがて衝突もおこるようになった。ながらく別々にくらしていた部族のあいだでは、もはや言語もちがえば、神もちがうし、文化も風習もちがう。おなじ人間としてあつかうことなどできなくなっている。それでも、おなじ地域で生活せざるをえないのだとしたら、どちらか一方が、どちらかを征服するしかない。こうして、部族間の戦争がはじまった。戦争では、よりつよい武器をもった部族が勝利する。そして、そうじゃない部族を支配する。これが社会の、というよりも国家の起源である。負けたものたちは、勝ったものたちの奴隷となり、労働力としてもちいられる。もともと、どの部族からしても、ひとつの地域に定住し、水をひいたりなんなりして、農作物をつくれば収穫高がよいことはわかっていたが、それは狩猟採集とくらべて手間がかかり、めんどうくさくてやりたくなかった。でも、奴隷がいれば、ぜんぜんべつのはなしである。ただでムリやりはたらかせてしまえばいい。ふだん意識されることはすくないが、じつのところ、こうした征服と奴隷労働こそが農業を発達させ、文明をもたらしたのであった。

ちなみに、さきほども述べたように、大杉は、征服国家説というのを参考にしていた。これはオーストリアの社会学者、グンプロビッチがとなえていた国家論で、いわれていたのは、大杉が紹介していたのとおなじことだ。しかし、両者には決定的なちがいがある。グンプロビッチが、あらゆる社会は征服によってうまれたのだから、ひとがひとを征服するのはただしいといっていたのにたいして、大杉は、だからこそ社会はわるいんだ、国家はいらないんだといっていたことである。グンプロビッチの立場は、社会ダーウィニズムともよばれるが、部族や国家が弱肉強食のあらそいをするのを肯定したのにたいして、大杉は、それをまるごとうけいれたうえで全否定したのである。

三つの統治方法

さて、部族間の抗争の結果として、ひとがひとを支配するようになった。では、そのあと社会はどうなったのだろうか。

この征服によって、まったく異なった二種族が密接な接触をすることになる。しかし彼らはとうてい同化することができない。いわばその社会は両極に分かれるのである。征服者は常に被征服者を蔑視する。あらゆる方法をもって奴隷化する。被征服者はまた、仕方なしに服従しながらも、征服者の暴力以外のいっさいのものを認めない。かくして互いに敵視し反感する二種族が、社会の両極を形づくることとなる。

（前掲書、一〇四頁）

社会は、ある部族が暴力をもちいて、他の部族を征服することによってうみだされた。そこには、征服者と被征服者が存在し、あきらかな収奪がおこなわれている。不平等だ。もちろん、被征服者はいつも反感をいだいているのだが、さからえば暴力でねじふせられる。軍隊か、警察かはわからないが、武装した連中になぶり殺される。だからこそ、被征服者の側も、ただやられるわけにはいかないので、そういうときは武装して必死に抵抗をこころみる。血みどろになってたたかえばたたかうほど、両者の反目はましていく。正直なところ、これでたまらないのは、征服者のほうだ。いくら武力にひいでていても、なんどもたたかっていれば、味方の何人かがやられることはあるわけだし、とにかくカネも労力もむちゃくちゃかかる。負担がおおきいのだ。

それじゃあかなわないということで、征服者は知恵をしぼりはじめた。できるだけ楽をして、たくさんの収奪をしたい。もっと簡単にいうことをきかせる方法はないだろうか。大杉によれば、征服者はここで三つの統治方法をうみだした。

(一) 一般的規則
(二) 国民教育
(三) 特権の付与

ひとつは、一般的規則である。明文化された法をつくり、だれもがそれにしたがうようにする。もちろん、それをつくった征服者も、そこからのがれることはできやしない。被征服者は、もしかしたら自分たちに不利な法をつくられているかもしれないが、しかしそれを犯さないかぎりは自由にふるまってよいとされる。そして、しだいにそうすることがあたりまえになってくると、法をまもることが義務であり、違反しないことが権利であるとおもうようになってくる。そうなれば、征服者の側からしたらしめたものだ。あとは、被征服者が法をまもっているかどうかを監視すればいいだけであり、そんなにコストがかからない。らくちんだ。征服者は法をうちたて、それを維持することで、社会を統治している。くどいかもしれないが、なぜそんなことをしているのかというと、それはきっちりと、そして手間ひまかけずに収奪をするためだ。

もうひとつは、国民教育である。とうぜんながら、征服者は自分たちの言語や宗教、風習がふつうであり、ただしいとおもっている。これにたいして、被征服者はことなった生活様式をもっているわけで、征服者よりも劣っているとみなされる。ほんとうは武器がよわくて負けただけなのに、おそらくは肌の色や血統などももちだされて、おまえらはうまれながらにして、劣等人種なんだといわれるのだろう。学校でも教会でも、メディアでも、日常的な差別でも、それがくりかえされているうちに、被征服者はそれがあたりまえなんだとおもうようになってしまう。そうすると、被征服者は、自分たちはダメな部族なのだから、征服者にしたがうのはしかたがないとおもうようになってしまい、いくらひどいことをされても、さからうことを自主規制してしまうようになる。また、征服者の側にしても、したがわないものたちを弾圧するときに、これはまちがいをただしてあげているんだ、教育効果を考えてやっているんだといえば、かなり横暴なことをしてもいいことになる。いくらでも国民の支持をえられるのだ。

さらに、これらふたつを前提としたうえで、もうひとつの統治方法がもちいられている。被征服者の協力者をつくりだすということだ。あたりまえかもしれないが、被征服者にもあたまのいいひともいれば、身体能力がたかかったり、ムダにカネをもっていたり、やたらと周囲から信頼をあつめていたりするひともいる。そういうひとは征服者の一員としてむかえいれ、特権をあたえてやる。学校にいけるようにしたり、官僚のポストをあたえたり、参政権をあたえたり。被征服者のエリートだ。いちどそれがみとめられれば、被征服者はみずからすすんで、そうなろうと競いあう。自分たちの生活様式なんてふり捨てて、征服者のようにふるまおうとおもうのだ。ほんとうのところ、そんなことかんぜんにはできやしないので、欺瞞《ぎまん》にほかならないのだが、それでも被征服者にあたえる心理的な影響は、とてもおおきい。

征服国家はいまもそこにある

大杉は、こうした統治のありかたは形式こそかわってきたけれども、古代から現代にいたるまで、基本的にはなにもかわっていないと述べている。

歴史は複雑だ。けれどもその複雑を一貫する単純はある。たとえば征服の形式はいろいろある。しかし古今を通じて、いっさいの社会には、必ずその両極に、征服者の階級と被征服者の階級とが控えている。

再び『共産党宣言』を借りれば、「ギリシャの自由民と奴隷、ローマの貴族と平民、中世の領主と農奴、同業組合員と被雇職人」はすなわちこれである。そして近世にいたって、社会は、資本家という征服階級と、労働者という被征服階級との両極に分かれた。

社会は進歩した。したがって征服の方法も発達した。暴力と瞞着の方法は、ますます巧妙に組織だてられた。

政治！　法律！　宗教！　教育！　道徳！　軍隊！　警察！　裁判！　議会！　科学！　哲学！　文芸！　その他いっさいの社会的諸制度!!

（前掲書、一〇七頁）

どんなに時代がかわっても、征服者が被征服者を支配するということはかわらない。あくまで、社会の起源は征服であり、暴力である。被征服者は奴隷として収奪される。はじめは、したがわないものたちを武力でねじふせていたが、それではきりがない。そこで、征服者は、法や国民教育をつかって、収奪を正当化するようになり、また一部の被征服者に特権をあたえることによって、懐柔をはかるようになった。いずれも目にみえた暴力がふるわれていないだけで、やっていることは収奪のために強制力をはたらかせているだけのことだ。根っこにあるのは、暴力。組織的暴力であり、権力というべきものである。大杉は、政治や法律、宗教、道徳、軍隊、警察、議会、裁判など、いくつもの社会的制度を羅列しているが、こうした制度がどんどん発達することによって、より巧妙な権力がふるわれるようになったといっているのである。かれは、ひとつの概念を厳密に定義するひとではないのだが、ざっくりいってしまえば、こうしたことをやっているのが、国家だというのだろう。

もしかしたら、国家は征服にはじまったとかいっていると、ちょっといいすぎだというひともいるかもしれない。すくなくとも、現代国家はちがうのではないかと。でも、よく考えれば考えるほど、その説明が自分の実感にあっていることがわかってくる。たとえば、わたしがムカついてしまって、国家を意識したのが税金だ。なぜだかよくわからないが、その場所で生きているだけでカネをとられたり、がんばってはたらいてみたり、商品を購入したりすることに税金がかかる。いつも、なんでこんなことをされているのかよくわからなかったが、大杉の征服国家説をいれてみると、わかった気がしてくる。じつのところ、理由なんてないのだ、収奪なのだから。わたしたちは、ただ暴力的にカネをむしりとられている。あとは議会の承認をへているからとか、法律できまっているのだからとか、おまえたちは一人ではなにもできないから、国家がカネをあつめてまもってやっているのだとか、へ理屈がこねられているだけのことだ。なんとかしなくてはならない。大杉は、こう述べている。

この征服の事実は、過去と現在とおよび近き将来との数万あるいは数千年間の、人類社会の根本事実である。この征服のことが明瞭に意識されない間は、社会の出来事のなにものも、正当に理解することは許されない。

（前掲書、一〇八頁）

ここまで、大杉の文章をみてきて、だいたい、わたしたちが国家になにをされてきたのかがわかったのではないかとおもう。じゃあ、どうするのか。たぶん、やることはみえている。国家の組織的暴力を解体すること、あらゆる収奪を拒否すること。税金なんてはらわない。

うん、たいへんだ。ちょっとこたえをいそぎすぎたのかもしれない。というより、おそらく税金をはらわないということは、国家にたいしてなにかことをおこすことのなかでも、いちばんむずかしいことだ。国家もほんきでとりたてようとするだろうし、なによりわたしたちは、税金をはらわないということにためらいをおぼえてしまうのだから。それがわるいことだとおもってしまって。ここのところ、もうすこし大杉の議論をおってみよう。

奴隷制は労働の起源である

税金をはらわないことがわるいことだとおもわされる。警官にしたがわないことがやましいことだとおもわされる。逆に、どちらもちゃんとやって、あなたはすばらしい市民だとかいわれると、うれしくなってしまう。大杉は、これを奴隷根性とよんだ。

> 斬り殺されるか、焼き殺されるか、あるいはまた食い殺されるか、いずれにしても必ずその身を失うべきはずの捕虜が、生命だけは助けられて苦役につかされる。一言にして言えば、これが原始時代における奴隷の起源のもっとも重要なるものである。
>
> （前掲書、五八頁、大杉栄「奴隷根性論」）

　これは、大杉の「奴隷根性論」の冒頭部分だ。さきほども述べたように、国家の起源は征服である。戦争でよわい部族をうちのめし、生きのこったものを捕虜としてとらえる。捕虜は、なにをされても文句はいえない。それこそ斬り殺されても、焼き殺されても、食い殺されてもしかたがない。でも、殺さないかわりに、いうことをきかせることもある。奴隷として、苦役につかせるのだ。きっと、さいしょは国家の土木事業や灌漑《かんがい》事業でもやらせていたのだろう。しかし、農業が発達するにつれて、征服者は、奴隷たちを農奴としてもちいることが便利だということに気づいてくる。うまくいけばいくほど、もっと奴隷がほしいとおもうようになり、おなじ部族のなかでも貧乏な連中を借金づけにし、返せなければ、借金のカタに奴隷にしていった。借金をせおうということは、戦争捕虜になるのとおなじことだ。それは人倫にもとる行為であり、切り刻まれてもなにをされても文句はいえないのだから。

　勝利者が敗北者の上に有する権利は絶対無限である。主人は奴隷にたいして生殺与奪の権を持っている。しかし奴隷には、あらゆる義務こそあれ、何らの権利のあろうはずがない。
　奴隷は常に駄獣や家畜と同じように取り扱われる。仕事のできる間は食わしておくが、病気か不具にでもなれば、容赦もなく捨てて顧みない。少しでも主人の気に触れれば、すぐさま殺されてしまう。金の代わりに交易される。祭壇の前の犠牲となる。時としてはまた、酋長が客膳を飾る、皿の中の肉となる。

（前掲書、五九頁）

主人は、奴隷の生殺与奪の権をにぎっている。なにをしたっていいわけで、奴隷はモノとおなじようにつかいすてにされたり、カネで交換されたりする。たぶん、これはとても重要なことだ。奴隷制は、いまでいうところの賃金労働の起源だということである。ふつう、人間はモノじゃないから、ほかのモノと交換したり、商品としてあつかったりすることはできない。だからほんとうであれば、何時間はたらいたので、これだけのカネをくださいというのはおかしいことになる。労働力商品という発想は、ひとをモノとしてあつかうことであり、非人間的なことなのだ。でも、奴隷だったらはなしはべつである。そのはたらき具合によって、いくらでもよしあしをきめることができるし、いくらでも交換することができる。奴隷制は、労働のモデルなのである。

ちょっとまとめておこう。国家は、征服によってうみだされた。絶大な暴力をふるい、捕虜を奴隷としてあつかった。奴隷は、生殺与奪の権をにぎられているのであり、なにをされてもしかたがない存在である。かれらは苦役や農作業につかされるが、それは家畜やなにかとおなじことであり、カネではかりにかけることもできるし、交換することもできる。ひとの活動が労働として組織化される。もちろん、奴隷からしたらこんなことをされるのはいやなわけで、たまったものではない。ほんとうは、主人にたちむかえばいいのだろうが、なかなかそうはならない。むしろ、すすんで主人にしたがってしまう。大杉は、これを奴隷根性とよんだ。

道徳としての奴隷根性

けれども彼ら奴隷は、この残酷な主人の行いもあえて無理とは思わず、ただ自分はそう取り扱わるべき運命のものとばかりあきらめている。そして社会がもっと違ったふうに組織されるものであるなどとは、主人も奴隷もさらに考えない。

（前掲書、五九頁）

どんなにひどいあつかいをうけたとしても、奴隷は主人にしたがってしまう。強者にたいする絶対的服従。それはしかたのないことであり、そうしなければならないことであるとおもわされて。大杉によれば、こうした奴隷根性こそがいわゆる道徳をうみだすことになったのだという。あとは、その道徳がすこしずつ発達してきたというだけのことだ。大杉は、アフリカの部族を例にとって、奴隷たちの道徳的なふるまいについて、こんなふうに紹介している。

先にも言ったごとく、奴隷は駄獣である、家畜である。そして奴隷はまず、家畜の中の犬をまねた。

カフィール族はその酋長に会うたびに、「私はあなた様の犬でございます」と挨拶をするという。しかし自分の身を犬に較べるこの風習は、ただに言葉の上ばかりでなくその身ぶりや所作においても、人間としての体の形の許せるだけ犬の真似をするということが、ほとんど例外もないほどにいたるところの野蛮人の間に行われている。

（前掲書、六〇頁）

奴隷たちは、主人にあうときに犬のまねをする。わんわん。四つんばいになって、挨拶《あいさつ》をする。わたしはあなたさまの犬でございます。自分は人間じゃない、どうしてくれてもかまわない、なんでもいうことをききますよと宣言しているようなものだ。それがしきたりになり、あたりまえになってくると、そうしないことがおかしいことだとおもえるようになってしまう。奴隷根性というか、道徳というのはそういうものなのだろう。ちなみに、ここで大杉が例にあげているカフィール族というのは、南アフリカの黒人全般の蔑称《べっしょう》である。かんぜんに余談になってしまうが、彼らは祭礼をもよおしたり、いくさにのぞんだりするときに、ドープとよばれるつよい酒を飲んでいた。とうぜんながら、強力な興奮作用をもたらす。それが現在のドーピングの起源になったという俗説もある。まあ、そんな部族だ。

野蛮人のこの四這い的奴隷根性を生んだのは、もとより主人にたいする奴隷の恐怖であった。けれどもやがてこの恐怖心に、さらに他の道徳的要素が加わってきた。すなわち馴れるに従ってだんだんこの四這い的行為が苦痛でなくなって、かえってそこにある愉快を見出すようになり、ついに宗教的崇拝ともいうべき尊敬の念に変わってしまった。本来人間の脳髄は、生物学的にそうなる性質のあるものである。

（前掲書、六一―六二頁）

もともと、奴隷は切り刻まれたり、拷問をうけたり、殺されたりするのがこわいという恐怖心から主人にしたがっていた。ガンガンひどいことをされて、犬みたいに四つんばいにさせられたりする。屈辱だ。なんでこんなことをさせられているのだろう。いつもそうおもう。でも、あらがえない。だったら、これになれるために、自分で自分を納得させるしかない。わたしはよわい人間だから、こんなことをさせられているのだ、わたしはダメなやつだ、わるいやつなのだと。だとすれば、主人にいたぶられる理由もわかってくる。ご主人さまはわたしがわるいことをしているから、それをただそうとして、善意で教育をほどこしてくれているのだ。ありがたい。できれば、尊敬するご主人さまがのぞんでいることをやって、ほめてもらいたい。地べたにはいつくばったっていい、苦役だっていい、農作業だっていい。ご主人さまがわらってくれた、ご主人さまがよろこんでくれた。ああ、快感だ。大杉は、こうした心理状態にまでいたってしまうことを奴隷根性とよび、道徳とよんだのである。

負債をせおって生きのびる、生の負債化

ここまで、道徳の起源についてふれてきた。自分はわるい、罪をおかしているんだとおもいこみ、それを償おうとして生きていく。生の負債化とでもいっておけばいいだろうか。ひとは負い目をせおい、その贖罪《しょくざい》のために生かされるのだ。どのように贖罪しなければならないのか。そのやりかたは、はじめからきめられていて、あらがうこともできやしない。ちゃ

んと償えていれば、よいひとだし、できていなければ、わるいひとだ。ひとの生きかたが、善悪優劣の基準ではかられる。ひとがモノとおなじように、計測可能、交換可能な存在になる。さきにふれたように、奴隷はいかようにもあつかってよい存在であり、その労働力は商品とおなじように、カネではかりにかけることができるものであった。それはとても非人間的なことであったが、奴隷たちは、みずからの生きかたに負い目をかんじていたからこそ、ただしいとされる生のありかたにすがりつき、みずからをひとつの尺度にさらしてしまったのである。

せっかくなので、征服国家のはなしとからめてみよう。おそらく、国家がなにをやってきたのか、その全体像がみえてくる。国家は征服にはじまり、奴隷を収奪することによって成立した。はじめは奴隷に抵抗されて、武力をもちいて鎮圧していたが、コストがかかってしかたがない。そこで、征服者は法律や国民教育という方法をもちいて統治することにしたわけであるが、そのためには、征服者が奴隷の生殺与奪の権をにぎり、善悪の尺度をうちたてなくてはならなかった。じゃあ、どうしたのかというと、そのベースになったのが道徳だ。

もともと、道徳は、奴隷がみずからの不条理を自己正当化するためにつくりだされたものだが、しだいに征服者もまきこみ、支配のロジックとして利用されることになった。そりゃそうだ、征服者にしたがいましょう、そうしないのはわるいことだといってくれるのだから、征服者にとって、こんなに都合のよいはなしはない。いちどそれをみとめさせて、社会制度として確立してしまえば、あとはその制度がまもられているかどうかをチェックすればいいだけのことだ。ようするに、国家は暴力をふるって社会制度をととのえ、奴隷から収奪をするわけであるが、その根幹にあるのが道徳である。生を負債化し、ひとの活動を労働力として組織化する。だとしたら、わたしたちがいまいちばんたたかなくてはならないのは、この奴隷根性だということになるだろう。

さて、「はじめに」でふれたように、ラウル・ヴァネーゲムは生きるということをふたつにわけて説明していた。

生きたいとおもうこと（Desire to Live）

生きのびること（Survival）

大杉にもとづいていえば、国家がやっているのは、暴力をつかって人びとを生きのびさせることである。ただ生存のために生きさせること、それ以外の生きかたをみとめないこと。キーワードは奴隷根性であり、生の負債化だ。人びとは、負い目をせおわされることによって、特定の尺度をうけいれ、こうやって生きるべきだとおもわされる。まわりの評価を気にして生きること。もっと評価されようとして、他人と競いあうこと。それは、奴隷が主人によろこんでもらおうと、四つんばいになってしまうようなものだ。わたしたちが、あたりまえのように税金をはらってしまったり、警官のいうことをきいてしまったりするのは、そういうことである。いまの資本主義では、カネを稼いで生きるのがあたりまえになっていて、そうしなければいけないとおもわされているが、その根っこにあるのは、やはりおなじことだ。国家の暴力によって、奴隷根性がうえつけられている。はっきりといっておかなくてはならない。生きのびるということは、奴隷のように生きるということだ。それは収奪されるために生きるということであり、支配されるために生きるということである。やってられない。

真の自由人になりたいんだ

そうはいっても、やはり資本主義は、奴隷制とはちがうと反論するひともいるだろう。いくら奴隷制が労働の起源だといっても、いまの世のなかでは、文字どおり人身売買がなされるわけではないし、はたらかないからといってムチをうたれたり、なぶり殺されたりするわけではない。だいたい、奴隷は人間としてさえみとめられておらず、ムリやり苦役をしいられているのにたいして、労働者は一個の人格がみとめられ、雇用主と自由に契約をむすんで賃金をもらっている。わたしたちは、労働の対価としてカネをもらっているのであり、それはみずからすすんでやっていることじゃないかと。もちろん、物理的にふるわれる暴力は減っただろうし、形式的にはひとはどんな生きかたをしてもよいことになっている。でも、ほんとうのところ、統治の形式というか、暴力のふるわれかたが巧妙になっただけで、ひとの生きかたが一方的に方向づけられていることにかわりはない。ぜんぜん自由じゃない。奴隷とおなじだ。

たとえば、わたしは文章をかくのが好きだ。まわりには、わたしとおなじくらい愚かな友人たちがたくさんいて、みんな生計をたてることなんて考えずに、好きな本を好きなようによみ、好きなことをかいてばかりいる。そんな友人たちと酒のつまみに文章をみせあって、ケラケラわらいあったりするのが、たのしいとおもう。すごくたのしいから、もういちどその気分をあじわいたいとおもい、またおなじことをくりかえしてしまう。きっと、そういう感覚をなんどもあじわおうとするのが、ヴァネーゲムのいう、生きたいとおもうことだろう。でも、そうはいっても、多少は稼がないと生きていけないわけで、ひとによっては職業として文章をかこうとおもったりするだろう。だが、それをくりかえしているうちに、たいていのひとは初心をわすれてしまう。

どこそこの雑誌で文章をかくにしても、一冊の本をかくにしても、ほんとうのところ、みそクソにいいたいことがあったとしても、もしそれが世間なりなんなりをかんぜんに敵にまわすようなことであったとしたら、ひかえめな表現をつかったり、かかなかったりするかもしれない。まちがいなく、売れゆきにかかわるからだ。たぶん、はじめはカネを稼ぐためだからしかたがないくらいにおもっているのだろうが、しかし気づいてみれば、自分で自分を納得させるかのように、そうしなければならないのだ、カネを稼げる文章をかくのがよいことなのだとおもいこむようになってしまう。あべこべだ。意を尽くしたものをかいて、友人とケラケラわらうとか、そういう感覚はもういらない。ジャマなのだ、そんなものは。売れないことのほうがおおいのだから。

なにがいいたかったのかというと、この資本主義では、どんな生きかたをしてもいい、自由だといわれているが、ぜんぜんそうじゃないということだ。ちっとも自由じゃない。唯一の尺度は、カネを稼ぐこと。そうしないのはわるいことであり、たくさん稼げるのはよいことである。仕事がなくて稼ぎがなかったり、バイトぐらしで稼ぎがわるかったりすると、それに負い目をかんじ、自分はダメだとおもいこまされる。また逆に、出世をしたり、収入があがったりすると、ほめられている気がしてうれしくなってしまう。奴隷根性なのだ、かんぜんに。一般的規則をつうじてかもしれないし、国民教育をつうじてかもしれないし、特権の付与をつうじてかもしれないが、わたしたちは国家の組織的な暴力をつうじて、しらずしらずのうちに、そうした心理をうえつけられてしまっている。ほんらい、生きたいとおもうその力は、いかようであってもいいはずなのに、気づいてみれば、生きのびることだけに没頭させられている。イヤだ、イヤだ。大杉は、こういっている。

政府の形式を変えたり、憲法の条文を改めたりするのは、何でもない仕事である。けれども過去数万年あるいは数十万年の間、われわれ人類の脳髄に刻み込まれたこの奴隷根性を消え去らしめることは、なかなかに容易な事業じゃない。けれども真にわれわれが自由人たらんがためには、どうしてもこの事業は完成しなければならぬ。

（前掲書、六四頁）

国家の暴力の根幹にあるのは、奴隷根性である。とてつもなくながい時間をかけて人類の脳髄に刻みこまれてきた生の負債。わたしたちは、この負債をかんぜんに消し去ることができるだろうか。大杉がいっているように、おそらくそれはとてもむずかしいことだ。ちょっと法律をかえるとか、政権をかえるとか、そういうことではないのだから。生きたいとおもうこと。きっとそれを純粋においもとめていくと、税金をはらわないとか、警察のいうことをきかないとか、はたらこうとしないとか、どうなるかはひとによってちがうだろうが、なんらかのかたちで、社会通念や道徳にふれるようなことをしなくてはならなくなるだろう。とうぜん、はげしいバッシングをうける。たいていはうちのめされて、たちあがれなくなるだろう。大杉みたいに、ぶっ殺されてしまうことだってあるかもしれない。でも、それでも生きたいとおもうのが、ひとというものだ。いつだって、だれだって、こうおもっている。真の自由人になりたいんだ。

幸徳秋水と大杉栄

大杉の国家論といえるものは、こんなところだ。国家は暴力をふるって、人びとに奴隷根性をうえつけている。大杉が、こうした議論を展開したのは、一九一三年である。その前年、大杉は友人の荒畑寒村《あらはたかんそん》とともに雑誌『近代思想《きんだいしそう》』をたちあげた。このとき、まちがいなく意識していたのは、一九一〇年の大逆事件であった。この事件で、大杉は兄貴分にあたる幸徳《こうとく》秋水《しゅうすい》を処刑されている。天皇を爆弾で殺そうとしたかどで。それから数年間、社会主義者は、ほとんど言論活動をおこなうことができなかった。文部省は、全国の図書館にたいして、社会主義文献の閲覧禁止を命じ、また小中学校では、学生でも教員でも社会主義のはなしをするものがいれば、追放されたりしていた。

ちなみに、石川啄木《いしかわたくぼく》によれば、著作のなかに「社会」ということばをつかっただけで、検閲にひっかかり、社会主義をおもいおこさせるからひっこめろといわれることもあったそうだ。いわゆる「冬の時代」である。大杉たちは、そういう閉塞《へいそく》状況を突破するために、みずから雑誌をたちあげ、好きなことをバンバンかいていったのである。そして、そのなかで、大杉がまっさきにかいたのが、さきほど紹介した「奴隷根性論」や「征服の事実」であった。目のまえで、国家が社会主義者をなぶり殺している。まるで戦争捕虜や奴隷をあつかってい るかのようだ。おそらく、大杉はそんなことを実感しながら、文章をかいていたのだろう。

じゃあ、大逆事件とはなんだったのか。ひとことでいえば、明治時代の伝説の圧制なのだが、社会主義運動とのからみで、ちょっとていねいに説明しておきたいとおもう。まず、日本の社会主義者が、おおきくうごきはじめたのが日露《にちろ》戦争前後。一九〇三年、もともと『万《よろず》朝報《ちょうほう》』の記者であった幸徳と堺利彦《さかいとしひこ》が社を辞職し、あらたに平民社《へいみんしゃ》を結成した。もともと、『万朝報』が、世間の圧力にまけて、主戦派にまわってしまったからだ。幸徳と堺は、週刊『平民《へいみん》新聞』を発刊し、戦争に反対するとともに、社会主義の宣伝をはじめた。ここに、続々とあたらしい人材があつまりはじめ、当時、まだ一〇代だった大杉も、このころからいっしょにうごきはじめている。

一九〇五年になると、幸徳が公然とアナキストを名のり、直接行動論をとなえるようになった。では、幸徳のいう直接行動とはなにかというと、自分のことは自分でするということだ。このときの幸徳は、ストライキをイメージしていたのだが、ようするに、資本主義の問題は、ただ貧しい人たちがいるとかそういうことではなく、労働者が自分のことを自分できめられないことにあると考えていたのである。労働者は、ほかに生活手段がないから、資本家のいいなりになり、どんなにひどい条件でもムリやりはたらかされてしまう。これにあらがうとしたら、労働者が団結して、資本家をぎゃふんといわせたり、カネをぶんどってしまったりするしかない。自分の手で、自分の衣食住をつかみとる。だから、議会で多数派をとり、政権をにぎろうとか、そんなことをいっていても意味はない。議員のやることは、みんなおせっかいだ。他人によって、自分の生活がきめられてしまう。やるべきことは政権の奪取ではない、パンの略取である。みずからの力で、みずからのパンをうばいとるのだ。そんなことをいいはじめたのである。

もちろん、これに反発するひともおおく、社会主義者はまっぷたつにわれてしまった。いやいや、幸徳さん、なにをいっているんですか、暴力はよくないでしょう。ここはやはり議会をつうじて社会政策をひきだし、ちょっとずつ労働者の境遇を改善していきましょうよと。そういう人たちは、議会政策派とよばれていた。これにたいして、幸徳のまわりには、直接行動ときいてよしとおもった若いゴロツキがあつまってくる。その筆頭というか、いちばんあばれん坊だったのが大杉だ。かれは、直接行動とはケンカなんだといわんばかりにあばれまくった。資本家だって、政治家だって、警官だって、だれのいうこともききやしない。命令されたらぶんなぐれ。自分のことは自分できめる。年齢的なこともあるのだろう。当時、幸徳が三〇代後半だったのにたいして、大杉は一四歳年下で、まだ二〇代前半だ。いちばんのやんちゃざかり。警官と衝突しては、逮捕される。でもわるいことに、やりあえばやりあうほど、権力の弾圧ははげしくなってくる。

それからしばらくして、一九〇八年六月一八日、社会主義者の山口孤剣《やまぐちこけん》が刑期をおえて出獄してきた。山口は、直接行動派とも議会政策派とも仲がよかったので、みんなで上野《うえの》駅までむかえにいった。三〇人くらいで宿泊先までおくっていこうとするのだが、大杉はテンションがあがっている。赤旗をかかげて、わいわいいいながら街をねりあるき、デモみたいになった。途中で、おなじく赤旗をふってさわいでいた荒畑が警察につかまり、交番にもっていかれた。すかさず、大杉は若い衆をつれて交番になぐりこんだ。荒畑を奪還し、意気揚々とひきかえす。これで警察がほんきでキレてしまう。

四日後、神田《かんだ》の錦輝館《きんきかん》で、山口孤剣出獄記念集会がひらかれた。このときも、大杉はハッスルしてしまう。赤旗をもって会場をねりあるき、気勢をあげた。議会政策派への挑発だったともいわれている。こんなところで、すわっていてもなんにもならない。外にでて、デモをやろうと。しかし、大杉が会場をでると、とたんに数名の警官にとりおさえられ、逮捕されてしまった。かんぜんにねらわれていたようだ。このときの弾圧はすさまじくて、とくになにもしていないものたちもふくめて、一四名がつかまってしまった。警察署では、とりしらべの名のもとに、ひどい暴行がくわえられ、大杉などは素っ裸にされたあげく、革靴でわきばらをなんどもけられ、髪をつかまれてコンクリートの壁になんどもあたまをぶつけられたそうだ。社会主義者はひとではない、なにをしたっていいはずだといわんばかりだ。刑期もおもくて、一四名中一二名が有罪となり、大杉はいちばんおもたい二年半の禁固刑をくらった。赤旗をもって、外を二、三歩あるいただけである。すごいものだ。そしてここから、弾圧はいっきに大逆事件までエスカレートしていくことになる。

一九一〇年、大逆事件

大杉、荒畑、堺、山川均《やまかわひとし》など、東京にいた直接行動派のメンバーがのきなみつかまってしまった。外にいたのは、病気療養のために地元の高知《こうち》県にかえっていた幸徳だけである。サカイヤラレタ、スグカエレ。その一報をうけた幸徳は、東京にもどることをきめた。七月二一日、幸徳は高知県をでて、途中、和歌山《わかやま》県の新宮《しんぐう》市にたちよった。地方の同志である大石《おおいし》誠之助《せいのすけ》から歓待をうけ、しばらくそこに滞在した。大石は、資産家で平民社に資金援助をしていたことでもしられており、また医者でもあった。貧乏なひとからはカネをとらずに無料診療をしていたというひとだ。えらい。

幸徳は、新宮を満喫したらしく、滞在中には浄泉寺《じょうせんじ》の住職、高木顕明《たかぎけんみょう》のまねきをうけてお寺で社会主義のはなしをしたり、大石と舟で川下りをたのしんだりした。新宮を発《た》ったのは、八月にはいってからだ。名古屋《なごや》にいき、そこから箱根《はこね》をへて東京にはいった。箱根では、やはり地方の同志で、曹洞宗《そうとうしゅう》のお坊さんであった内山愚童《うちやまぐどう》をたずねた。はじめからいっておくと、ここで幸徳とあった人たちは、みんな大逆事件でつかまっている。検察側の資料によれば、このときすでに幸徳は天皇を爆弾で殺すことをきめていて、医者であった大石に爆薬の調合をたのんだそうだ。証拠はない、でも大石は医者だからそれができるはずだ、というのが検察側の論拠であった。でたらめだ。

さて、東京にはいった幸徳は、八月一五日、赤旗事件の公判の傍聴にいった。幸徳がはいってきた瞬間、場内がどよめき、すさまじい歓声があがったという。これで気分が高揚した大杉は、証拠品であった赤旗を本物かどうかたしかめさせてくれといって手にとり、うりゃあといって、おもいきりひろげたそうだ。幸徳のほうをむいて、ニッコリとわらってみせる。バカだけど、ちょっとほほえましいはなしだ。その後、幸徳は東京で運動のたてなおしをはかる。場所を転々としながら、もういちど平民社をたちあげた。さすがに幸徳がきたということもあって、若い衆があつまりはじめたが、なかなかおもうようにはうごけない。警察にはずっとみはられているし、言論活動をしようにも、やたらと検閲がきびしくなっていて、翻訳をだそうにも即日発禁、雑誌をだそうにも即日発禁だ。にっちもさっちもいきやしない。

どうしたものか。一九〇九年二月、愛知《あいち》県の鉄工所ではたらく宮下太吉《みやしたたきち》がたずねてきた。テロリズムがやりたい。爆弾で天皇を暗殺しよう。そうもちかけてきた。でも、このとき幸徳は反対した。いやいや、もうちょっと言論活動をやりたいし、せめてヨーロッパみたいに労働者がゼネストをうてるような状況をつくりたいんだと。宮下はがっかりしてかえったが、自分で爆弾をつくり、計画をねることをきめた。それからなんども連絡をよこす。幸徳よりも、かれとねんごろになっていた管野《かんの》スガや、若くて血気さかんであった新村忠雄《にいむらただお》が積極的になっていった。宮下は、長野《ながの》県安曇野《あづみの》市（旧・明科《あかしな》町）にあった明科製材所ではたらくかたわら、爆弾づくりにいそしんだ。一一月、宮下は安曇野の山中で爆弾の試発に成功。大晦日《おおみそか》に、ふたたび幸徳と管野をたずねてきた。このとき、具体的な暗殺計画はたてなかったらしいが、まちがいなく幸徳のテンションはあがっていた。けっきょく、いくら時間をかけて言論活動をやろうとおもっても、検閲がきびしすぎてできやしない。そんなところに、気合いのはいった青年が、ふたたびやってきて、爆弾ができましたといってくる。もうやる気になっていたのだろう。幸徳は、友人たちにあてて、新年のあいさつがてら年賀状でつぎのようなざれ歌をおくっている。

爆弾の飛ぶよと見てし初夢は
　千代田の松の雪折れの音

（幸徳秋水〔責任編集　伊藤整〕『日本の名著44　幸徳秋水』中央公論社、一九八四年、七一頁）

千代田《ちよだ》、つまり皇居に爆弾を投げこんでやるという歌である。ハガキでそんなことかくなよとつっこみたくなってしまうが、まあいろんな意味で、今年こそはという決意の歌だったのだろう。一九一〇年五月一七日、宮下はいなかったが、管野と新村と古河力作《ふるかわりきさく》の三人でクジをひき、爆弾を投げる順番をきめた。正直なところ、大逆事件の具体的な計画とは、これだけである。五月二五日、宮下の職場の同僚であった清水太市郎が、警察に計画をばらしてしまい、爆弾の材料が押収される。じつはその間、宮下は清水の奥さんと不倫をしてしまい、おもいなやんでいたそうなのだが、あろうことかその清水に天皇暗殺計画をはなしてしまったらしいのだ。そりゃあ、チクられる。新村もおなじ日にとらえられ、管野はもともと別件で逮捕されており、六月一日には、湯河原《ゆがわら》にいた幸徳がつかまった。あとは、ほんとうに幸徳と交流があっただけで、暗殺計画とはなんの関係もない地方の同志たちがつかまっていったのである。検察側は、ありえないような物語をえがいていく。幸徳を首謀者とする全国のアナキストが、天皇と皇太子を暗殺しようとしていたのだと。合計二六名が、大逆罪で起訴された。

もしかしたら、幸徳や管野、宮下、新村あたりはつかまることを覚悟していたのかもしれない。じっさいに爆弾を投げようとはおもっていたのだから。でも、ほかの人たちは、ぜんぜんちがう。地方にいて、幸徳の来訪をうけた人たち、そして幸徳を来訪した人たち、なんのかかわりもない人たちがつかまっている。証拠だってありはしない。検事が物語をつくり、とりしまりでしゃべらせたことを切り貼りしてつなげただけのことだ。判決もむごい。一九一一年一月一八日、二四名に死刑判決がでて、二名が爆発物取締法違反で有罪になった。翌日、特別恩赦がでて、一二名が無期懲役に減刑になった。これが大逆事件のあらましである。一月二四日、幸徳は処刑される。享年四〇歳。ただ、社会主義者であるというだけで、ひとの首が吊《つ》るされた。とりわけアナキストは、法の外にでようとしているのだから、ひとでなしである。ひとじゃないから、法外な殺しかたをしたっていいじゃないかといわんばかりだ。

ようするに、近代国家だのなんだのといっても、奴隷が奴隷の生をこばんだらどうなるのかというと、殺されるのだ。もともと、奴隷は戦争捕虜であり、生殺与奪の権をにぎられている。いつ殺害されたって文句はいえない。死にたくなければ、奴隷であれ。生きのびたければ、四の五のいわずに、苦役に従事しろ。せっかく生かしてもらっているのに、そうしないのはわるいことだ、ひとでなしなのだと。あからさまな暴力をふるったうえで、人びとに負い目をせおわせる。大杉は赤旗事件でつかまっていたから、このときはあやうく殺されなかったのだが、そのおかげで国家がなにをするのか、よくわかったのだろう。征服だ、奴隷根性だ。国家にしてやられて、みんななにもいえなくなっている。まずは、ここから手をつけよう。そうおもったにちがいない。とはいえ、大杉ばかりじゃない。国家にしてやられた幸徳にしても、おなじようなことをおもったはずだ。最後に、死のまぎわ、幸徳がなにをいっていたのかをみてみることにしよう。

ひとがほんきでたちあがるときは、われしらず奮起する

大逆事件でとらわれてから、幸徳は東京監獄のなかでふたつの文章をかいた。ひとつは、弁護士あての手紙であり、公判でよみあげる陳述書にあたるものだ。もうひとつは、「死刑の前」であり、幸徳が死刑執行の直前までかきつづっていたものである。これには、かれの死生観があらわされているのだが、ひどいことに幸徳の死後、東京監獄がかってに押収してしまって、第二次大戦後まで世にでることはなかった。このふたつはけっこうおもしろくて、

幸徳の国家にたいするムカつきが、よくあらわれている。それもそのはずで、幸徳自身にしたって、かりに爆弾よしとおもっていたとしても、具体的な暗殺計画もなければ、物証だってなかったわけで、首を吊るされる理由なんてどこにもなかった。まわりの友人たちだって、みんなそうだ。それまで、幸徳は弾圧をさけるということもあって、アナキズムについては翻訳がほとんどであったし、具体的な運動についても労働運動にふれるくらいで、あえて民衆の暴力をあおるようなことはいっていなかった。でも、弁護士あての手紙では、そのへんがちょっとふりきれている。

まず、この手紙は検察にたいする反論からはじまっている。検察は、アナキズムは暴力的だ、だから暴力革命をおこそうとしている、それは天皇を暗殺しようとすることだといっているが、そんなことはない。自分たちが考えている革命というのは、ひとひとり殺したところで、どうなるものではなく、ひとがひとを支配するこの世のなかをまるごとかえなくては意味がない。だから運動としては、言論や労働組合の活動に力をいれて、これまで命令されてばかりいた貧しいものたちが、自分たちのことを自分たちでやれるようにうながしていきたい。そういううごきがどんどんわきあがってひとつのながれになったとき、そしてそのながれがワーッと世のなかの人びとをつきうごかすようになったとき、それを革命というのだと。

幸徳によれば、革命とは水到りて渠《きょ》なるものである。水がながれて、くぼみをつくるように、革命は自然の勢いで生じるものだ。まちがっても、人為的に計算をして、軍隊をうごかしたりとか、ひとを暗殺したりとかで、実現できるようなものではない。幸徳は、そんな説明もしたうえで、自分が考えている革命はこういったものであるが、それとはべつに、英語でいうインサレクションというのがあると述べている。それは日本語にすると、暴動や一揆《いっき》であると。テロリズムも、そこにはいるのだろう。幸徳は、あくまで自分が依拠しているのは革命のほうなんだといいながらも、しかし、ここからいっきにボルテージがあがり、インサレクションはいいものなんだといいはじめている。まるで、それがいちばんいいたかったことでもあるかのように。

たとえば、天明や天保のような困窮のときにおいて、富豪の物を収用するのは、政治的迫害にたいして暗殺者をだすがごとく、ほとんどかれらの正当防衛で必至の勢いです、このときにはこれが将来の革命に利益あるや否やなどと利害を深く計較していることはできないのです、わたしはなんの必要もなきに平地に波瀾を起こし、暴挙を敢てすることは財産を破壊し、人命を損し、多く無益の犠牲をだすのみで、革命に利するところはないと思いますが、政府の迫害や富豪の暴横その極に達し、人民溝壑に転するとき、これを救うのは将来の革命に利ありと考えます、されどかかることは利害を考えていてできることではありません、そのときの事情と感情とに駆られて、われしらず奮起するのです。

（幸徳秋水「獄中から三辯護人宛の陳辯書」『幸徳秋水全集　第六巻』明治文献、一九六八年、五三六―五三七頁）

ひとがほんきでたちあがるときは、われしらず奮起する。自分の目のまえで、ひとがうんと苦しんでいて、政府やら富豪やら、だれがわるいのかもはっきりしている。どうしようもなく、義憤に駆りたてられる。そりゃあもう、暴動でも一揆でも暗殺でも、なんでもやってやるしかないじゃないか。損得勘定ではない。たいていは弾圧されて、ぶっ殺されるだけだろう。いまの自分の利益を考えたら、損するだけだ。でも、それでもいい。ただ一撃でいいから、わるいやつらに鉄槌《てっつい》をくだしたい。そうやって、世のためひとのため、身を捨てておのずからうごくのだ。純然たるおもい、無償の行為。幸徳は、水到りて渠なるということばを好んでいたが、ほんとうのところ、なんの見返りももとめずにただ決起する、そういったインサレクションこそが、自然の勢いそのものだといえるだろう。天誅《てんちゅう》、わるいやつらをヤッツケロ。

人間が死ぬのは問題ではない。問題は、いかにして死ぬかである

いやいや、それじゃ死んじゃうからダメでしょうとおもわれるかもしれないが、じつはこのことは幸徳の死生観とぴったりとむすびついている。幸徳は、さきほど紹介した「死刑の前」のなかで、まず生きるということについて、こんなふうに述べている。

なるほど人間、否な総ての生物には、自己保存の本能がある、栄養である、生活である、これによれば人はどこまでも死を避け死に抗するのが自然であるかのように見える、されど一面にはまた種保存の本能がある、恋愛である、生殖である、これがためには直ちに自己を破壊し去って悔みない省みないのも、また自然の傾向である、前者は利己主義となり、後者は博愛心となる。

（前掲書、五四七頁、幸徳秋水「死刑の前」）

ひとくちに、ひとが生きるといっても、そこにはふたつの本能がある。ひとつが自己保存であり、もうひとつが種の保存である。自己保存とは、ただ生存のために生きようとすることであり、そのためにまわりと競いあって、利己的に生きようとすることである。ヴァネー

ゲムのことばをつかえば、生きのびることだろう。これにたいして、種の保存とは、恋愛であり、生殖であり、生きようとすることだ。自分がどうなったってかまわない、死んだってかまわない、それくらい相手のことをおもって、はちゃめちゃにうごいてしまう。幸徳は、このふたつのどちらもなくてはいけないといっているが、しかしあきらかに後者のほうに力点をおいている。

果実を結ばんがためには花は喜んで散るのである、その児の生育のためには母は楽しんでその心血を絞るのである、年少かくして自己のために死に抗するも自然である、長じて種のために生を軽んずるにいたるも自然である、これ矛盾ではなくして正当の順序である、人間の本能は必ずしも正当・自然の死を恐怖する者ではない、かれらはみなこの運命を甘受すべき準備をなしている。

故に人間の死ぬのはもはや問題ではない、問題は実にいかにして死ぬかにある、むしろその死にいたるまでにいかなる生を享けかつ送りしかにあらねばならぬ。

（前掲書、五四八頁）

花は、果実をむすぶためにはよろこんで散っていく。あとさきなんて考えずに、とにかくいますぐにおもいきり花を咲かせる。すぐに散ったたっていい。そうすることで、あらたな果実がうまれることになるのだから。あたらしい生をうみだすこと。もしかしたら、自分の利益だけを考えれば、それは自殺行為なのかもしれない。駆りたてられたそのことのために、いまの自分を捨てさることになるのだから。でも、めいっぱい花を咲かせることによって、自分はまわりをこんなふうによろこばせられるんだとか、このひとといれば、こんなにたのしいこともできるんだとか、はじめてそうおもえてくる。そうやって、たえず変化していくというか、成長していくというか、あたらしい生の形式をみいだしていくことが、ほんとうの意味で生きるということなのだろう。

文字どおり、死んだとしてもおなじことだ。その行為に喚起されて、おもいもしなかったような人たちが、どんどんたちあがってくれるかもしれない。五年後でも一〇年後でも一〇〇年後でも。もはや人間が死ぬのは問題ではない。問題なのは、いかにして死ぬかであり、いかにして生の成長をもたらすかである。損得ではない。たいせつなのは、めいっぱい咲き乱れることであり、そうしたいとおもう純然たるおもい、無償の行為である。そういう意味では、さきほどのインサレクションというのは、生きるということそのものであり、ひとにとって、いちばんたいせつなことなのかもしれない。きっと、幸徳は死をまぎわにして、ひとが自己保存の本能ばかりにとらわれていくのを感じとっていたのだろう。国家の暴力は、ひひとを生きのびさせようとするのであり、そうさせるなにかがある。幸徳は、そういった世のなかのうごきに、中指をつきたてた。ふざけんなと。生存のためだけに生きるということは、生きていないのとおなじことだ。それは奴隷のように生きるのとかわらない。わたしは、もっと生きたいとおもう。生きのびるんじゃない。死ぬことによって生きるのだと。

さて、こういったことをいいのこして、幸徳は死んでしまった。ほんとは、この「死刑の前」にはつづきがあって、道徳批判論をかき、そのあとに自分の半生をえがこうとしていたらしいのだが、そのまえに首を吊られてしまった。よんでみたかった、とても残念だ。でも、道徳批判論にかんしていえば、おそらく本章で紹介したように、大杉がひきついだといってもいいだろう。そればかりではない。インサレクションについても、死生観についても、大正時代のアナキストは、おなじようなことを考えていて、それをどんどん自由に展開していった。まあ展開したといっても、ちょっとおバカな若者たちがいて、あばれていただけのことかもしれないが、おいおい、そういったことも紹介していきたいとおもう。でも、そのまえに、本章ではせっかく大杉の議論を参考にして、国家の暴力についてあつかってきたので、もうすこしこの議論をつかって、現代の問題について考えてみたいとおもう。

第二章　征服装置としての原子力
――生きることを負債化される

八月の雨

国家は、征服によってはじまった。暴力をふるって、弱い者たちを奴隷としてあつかう。奴隷は、みずからの弱さに負い目をかんじ、強い者たちの尺度にしたがわされる。人間が交換可能になり、そのふるまいによしあしがつけられる。社会秩序に動員される。それが国家というものであり、ひとを組織化するための暴力だ。大杉栄《おおすぎさかえ》は、古代から近代にいたるまで、国家はおなじようなことをやってきたのだと述べている。あとは暴力のふるいかたが巧妙になっただけのことだ。じゃあ、現在はどうなのか。「はじめに」で原発や放射能の問題にふれた。よく考えてみると、現代国家というのは、兵器としてもエネルギーとしても、原子力ときってもきりはなせない関係にある。それじゃあということで、本章では、原子力にまとをしぼって、暴力について考えてみよう。

二〇一一年三月一二日から、わたしは放射能について考えるようになった。それこそ、身近な食材でなにがあぶないのかということから、核兵器や原発の歴史、その影響力まで、いろいろと本を読んだり、自分で考えたりしてみた。なかでも、むさぼるようにして読んだのが『はだしのゲン』だ。たんにマンガで読みやすかったということもあるのだが、もちろんそればかりじゃない。原爆をおとされて、放射能まみれになった広島の人たちが、どんなふうに生きたのか、ほんとうに生きられるものなのか、率直にしりたいとおもったからだ。そんなことをいうと、おまえはあの名作を読んだことがなかったのかといわれてしまうかもしれないが、そうなのである。読まずぎらいだ。

なんで読まなかったのだろう。ちょっと、いま考えてみたのだが、幼いころから記憶にのこっているのは、毎年八月になると、首相やらなんやらがでてきて、広島《ひろしま》、長崎《ながさき》の名のもとに、日本《にほん》は平和ですとアピールされることだ。学校でも、その象徴であるかのように『はだしのゲン』がとりあげられ、原爆でひとがメチャメチャになった絵だけをみせられたりする。もうこんな目にはあいたくないよね、昔みたいに侵略戦争をするのはやめましょう、日本は平和のもとに経済的繁栄を謳歌《おうか》するのですと。でも、家に帰って、ちょっとテレビをつけただけでも、それがウソっぱちであることがわかってしまう。わたしは一九七九年生まれなので、八〇年代後半から九〇年代初頭にかけて小中学生だったのだが、テレビをつければ、アジアのどこかの街角で日本車が燃やされていて、経済侵略だなんだとさわいでいるし、九〇年代にはいると、湾岸戦争があって、自衛隊は軍隊じゃないからカネだけだそうとか、いやいや、やっぱり海外派遣もできなきゃだめでしょうとかいっている。侵略も戦争もやっているじゃないか。だから、「広島、長崎から平和を」とかいっているのが、なんだかまやかしみたいな気がして、それで『はだしのゲン』にも興味がなかったのだ。あえていいわけめいたことをいえば、学校のせいである。

生まれてはじめて、『はだしのゲン』を読む

しかし、さいきんになって『はだしのゲン』を読んでみたら、おもっていたイメージとぜんぜんちがっていた。めちゃくちゃおもしろい。しかも、いまさらながらに被曝《ひばく》してみれば、しりたいことがジャンジャンかいてある。たぶん、わたしとおなじように、まだ読んだことがないというひともおおいとおもうので、かんたんに内容を紹介してみよう。ものがたりは、一九四五年、敗戦まぢかにはじまる。ゲンの一家は、広島市在住の七人家族。お父ちゃん、お母ちゃん、二人のお兄ちゃん、お姉ちゃん、ゲン、そして弟だ。お父ちゃんは下駄《げた》職人で、

いつも家にいる。戦争に反対していて、それを公言することもはばからない。町内会の軍事訓練で、竹槍《たけやり》をもたされたりするのだが、バカじゃねえのといって、帰ってきてしまったりする。だから町内会長にうとまれて、町中のひとから非国民よばわりされていた。だれも下駄を買ってくれない。カネがない、メシが食えない、ハラがへった。しかも、あげくのはてに、お父ちゃんは特高につかまって拷問をうけたりした。さんざんだ。そんなかんじだったから、ゲンは小学校でいじめをうけた。でも、ゲンはめっぽうつよい。たいていは撃退だ。ゲンと弟のシンジは、まっすぐなお父ちゃんが大好きで、非国民とかいって馬鹿にしてくる連中がいたら、大人でも子どもでもぶちのめしてしまう。でも、おおきいお兄ちゃんはちがっていた。反発して、お父ちゃんと大げんかになり、海軍に志願してでていってしまった。そんなこんなで、八月六日、原爆投下である。

その日、ゲンはいつものとおり学校にいっていた。学校の門をくぐろうとしたところ、爆弾がおちてきてピカッと光った。ゲンは爆風でふきとばされ、たまたま門の塀がタテになってたすかった。ふとあたりをみわたすと、うじゃうじゃいたはずの小学生たちがとけていなくなっている。学校も街も焼けおちている。あわてて帰宅すると、かんぜんに家は倒壊していた。二階でフトンをほしていたお母ちゃんだけが、外になげだされている。お父ちゃんとお姉ちゃん、弟のシンジは、ガレキにうもれてうごけない。そのうちに火がまわってきて、三人とももえてしまった。あついよ、あついよ。ゲンはお母ちゃんをつれて、その場から逃げた。うろうろしていると、黒い雨がふってきた。雨やどりのために廃墟《はいきょ》にはいると、お母ちゃんがウンウン苦しみはじめた。もともと妊娠していたのだが、このタイミングで赤ちゃんが生まれるというのである。ゲンが、ヘソの緒をきってとりだした。女の子だ。でも、メシがない、乳もでない。このままじゃ、死んでしまう。ゲンは「まっとれ」といいのこして、食べ物をさがしにいった。

外にでてみたら、もう地獄絵図だ。焼けただれた死体がゴロゴロしている。皮膚と服とがくっついてしまって、腕からはそのどちらともいえないものが、ベロンとたれさがった女のひと。顔がよくわからないくらい焼けただれてしまって、ウンウンいっている男のひと。みしらぬおじさんが苦しがっていて、水がほしいというのでくんできてあげれば、飲んだとたんに「うー、うーっ」と、息をはいて死んでしまう。こわすぎる。ゲンは街の外にでることにきめた。必死にはしって、被害のない村につく。キュウリやらなんやら、いっぱい野菜がはえている。こりゃいいや。万引き、よし。ゲンはそれをブチブチとって、もちかえることにした。でも、つかまってボコボコにされてしまう。ちくしょう、クソ農民め。けっきょく、収穫なしで街にもどる。なんだか気持ちがわるくなって、ばったりとたおれてしまった。ゲンは、そのまま意識をうしなった。

目をさますと、まわりは死体だらけ。しかも、おもいきりもえている。ゲンは、死体にまちがわれて焼かれていたのだ。アチチッ。とびあがったところ、火をつけた兵隊さんがびっくりして、たすけてくれた。やけどをしたため、兵隊さんが診療所までつれていってくれるという。いいといったが、おぶってくれた。しばらくすると、兵隊さんが気持ちわるいといってたおれこみ、ゲーゲーとはきはじめた。さらに、とつぜん下痢になってもらしてしまった。髪の毛もぬけおちて、もうツルツルだ。はじめ、ゲンはゲラゲラとわらっていたが、しだいにただごとじゃないことに気づかされた。兵隊さんは、そのままうごかなくなって死んでしまった。マジかよ。あの黒い雨のせいだろうか。ゲンは、猛烈な恐怖におそわれた。自分もこうなってしまうのではないか。あたまをかかえると、手にはべっとりと髪の毛がついていた。ギャー。兵隊さんとおなじく、あたまがツルツルになってしまった。どうしたらいいのだろう。ぼう然としてしまう。なにがおこっているのか、なにをすればいいのか、ぜんぜんわからない。自分はいつ死んでしまうのか。未来がみえない。あるのは無気力、ただそれだけだ。

無希望、礼賛

それから、ふらふらと街をあるいていると、みしらぬおばさんが赤子をだいてわらっていた。どれどれ。みてみると、赤子はすでに息たえていて、腐って骨がみえていた。しかもよくみれば、二人には無数のハエがたかっている。これはいけない。ゲンはとっさに駆けよって、うりゃーといってハエをはらった。すると、どうしたことだろう。そのおばさんはきぇーと声をあげながら、ゲンのホホをぶったたいた。ゲンは「なにをするんじゃ、われ！」というが、おばさんは意にかいさない。ただ、上空へととんでいくハエをみあげながら、ひとことだけこうさけぶのだ。「わが子よー！」。ああ、そうか。ゲンは気づいた。このおばさんは、いまのわけのわからない現実をうけいれ、そしてひらきなおったのだと。子どもは死んだんじゃない。腐ったからだからはウジ虫がわいてきて、しかもそのウジ虫がハエになってわきあがってくる。その数、無数だ。わが子がいっぱい。すごいや、すごいや。ゲンはこうおもった。そうだ、これが現実だ、未来だ、生きよう。すでにボロボロになってしまったこの身を、どう生きのびさせるかなんて、そんなことばかり考えていてもしかたがないじゃないか。たとえこの身がくちはてようとも、ウジ虫のようにはいつくばり、ハエのようにわきあがって生きなおすのだ。あたらしい無数の生をいきる。ゲンは、ボロボロと涙をながし、その場をたちさった。

その後のゲンはつよい。がんばって妹をそだてようとしたが、放射能のせいだろうか、まもなく死んでしまう。お母ちゃんも病気で死んでしまった。でも、ゲンはぜんぜんめげない。

弟のシンジに似ている子をつれてきて、シンジとよんだ。ホームレスのおじさんをひろってきて、お父ちゃんとよんだ。顔の焼けただれた女子をつれてきて、お姉ちゃんとよんだ。掘っ立て小屋をたてて、みんなでいっしょにくらしはじめた。お父ちゃんが、元絵描きだったということもあって、ゲンは絵をならい、画家をめざした。なにがなんでも好きなひととくらし、好きなことをやってやるんだ。とくに自分たちのように、いちど過去をうしない、それまでの人生設計、つまり未来をうしなってしまった者たちこそ、そうするべきなんだと。ゲンは自分でもそうしたし、まわりの人たちにも、そううったえかけた。被爆して手足をうしなったり、顔がボロボロになったりして、なにも考えられなくなった、無気力になった人たちにもおなじことをもとめたのだ。ぜんぜんへいきだろう、もういちど、もういちど。どうせいつ死ぬかわからないし、もう死んだようなものなのだから、これはもうゼロになってよみがえるしかないと。

もちろん、すべてがうまくいったわけではない。成長して、青年になったゲンは、あるトラブルにまきこまれる。弟分、シンジの友人がヒロポンにはまって薬中になったのだ。あげくのはてにヤクザに殺されてしまう。シンジは復讐《ふくしゅう》にたちあがり、ピストルでヤクザをうちころした。やばい。ゲンは、こっそりとシンジを東京に逃がし、さいごは自分も広島にはいられなくなって、東京に出発した。せっかくゼロからやりなおしたとおもったのに、またなんにもなくなってしまった。ようするに、『はだしのゲン』に希望はないのである。めちゃくちゃだ。でも、それでもなおと、なにかこのものがたりを読むと、そうおもわされるものがある。原爆をくらっても、自分がいつ死んでもおかしくなくても、たいせつなひとをうしなっても、殺されても、逆に殺人をおかしても、いつだってなんだって、ゼロになってよみがえるのだと。ゲンは、そんな生きたいとおもう力を体現しているのだとおもう。ウジ虫とハエ。きっと放射能をあびても、なおも生きるということは、そういうことなのだろう。無希望、礼賛。はだしのゲンは東京へいく。いまじゃ、そこも放射能まみれだ。

被曝イメージは社会動員の象徴である

ちょっとながくなってしまったが、これが『はだしのゲン』の概要だ。たぶん、広島や長崎、日本にいる人たちばかりではなく、世界的にみても、核兵器が人体にどんな影響をおよぼすのか、そのイメージをよくものがたっているのではないかとおもう。瞬時にして、十万人以上もの生が廃棄される。生きのこったとしても、残留放射能だ。わけのわからないうちに、目のまえでひとがバタバタと死んでいく。しかも、ふつうの死にかたじゃない。髪の毛がぬけおちたり、目がみえなくなったり、みたこともない湿疹《しっしん》がでたり、下痢や嘔吐《おうと》がとまらなくなったり、あきらかにおかしな死にかたをしていく。たんに爆弾で焼かれたということではない、まちがいなく放射能のせいだ。もはや過去の生活を前提として、未来をおもいえがくことなんてできやしない。突発的に死ぬかもしれないし、子どもも安心してつくれない。だいたい、放射能が残存しているというのならば、この土地に住んでいてもいいのだろうか。

絶対的な恐怖のもとに、無力感にうちひしがれる。なんともいえない負い目をせおった気分だ。自分たちのせいで、これから何世代にもわたって、子孫たちが生存をおびやかされるかもしれない。わたしがわるい、わたしがわるい、どうしたらこの負い目を払拭《ふっしょく》することができるのだろうか。それは、贖罪《しょくざい》というただひとつの目的のために生きることだ。国家にとってみれば、こんなにつかいがってのよい人材はないだろう。いくらでも操作可能だ。わたしたちはわるいことをしてきました。もうさんざんです。未来ある若い世代のために、罪ほろぼしをいたしましょう。国を、経済をたてなおすために、みんなでがんばりましょうと。ようするに、だまってはたらけ、いうことをきけということだ。戦時中とたいしてかわらない政治家たちが、そういうことをよびかける。絶望した人びとに、復興という希望をちらつかせることで、社会を保持する。ちゃんとはたらくように、国家のいうことをきくように動員するのである。この場合、日本は戦争で負けているわけだが、やられていることは征服国家とおなじことだ。いってみれば、広島と長崎の被曝イメージは、社会動員の象徴だったのである。

きっと、『はだしのゲン』がおもしろいのは、とてもよい意味で、そのイメージをうらぎっているからだ。戦時中も敗戦後も、まわりの人びとがものすごいいきおいで社会に動員されていく。それを拒否しようとすると、おもむろに暴力をふるわれる。食っていけない。でも、それでもと、ゲンは社会にあらがって、自分の意志をつらぬこうとした。自分の生きかたは自分できめると。それはそれで被曝のイメージなのかもしれないが、しかしそうはいっても、現実には負い目をせおい、贖罪へとむかう被曝イメージが流布している。広島と長崎はもちろんのこと、日本全国で、全世界でおなじようなイメージがうえつけられている。ああはなりたくない、そのためにはああしろ、こうしろ、そうしないのはわるいことだと。第二次大戦後のいわゆる東西冷戦は、このイメージのもとに形成されたといってもいいすぎではないだろう。

恐怖の均衡は国家の統治技術である

本書では、なんどかラウル・ヴァネーゲムの議論を紹介した。かれはシチュアシオニスト・インターナショナルという組織に所属していて、一九六八年には、フランスの五月革命におおきな影響をあたえた。シチュアシオニストというのは、あえて訳せば「状況主義者」

であり、こんにちの資本主義というか、商品の論理が、わたしたちの日常生活にまで浸透してきている状況をふまえて、そいつをぶちこわしてやろうと考えていた人たちである。代表的な理論家は、ヴァネーゲムやドゥボールなど、フランスで活躍していた人たちであったが、ヨーロッパ各国やアメリカにも支部をもうけ、かなりおおきな国際組織になっていた。シチュアシオニスト・インターナショナルは、一九五八年に機関紙を発刊し、一九六〇年代をつうじて精力的に言論活動を展開していた。とうぜんながら、東西冷戦や核戦争についても、いくどか分析をおこなっている。そのなかには、ヴァネーゲムの議論をもちいた論説もあるので、ここではすこしていねいに、それを紹介してみたいとおもう。

競合する二大国家陣営間の「恐怖の均衡」――現時点の世界政治の本質的所与のうちでも最も明白なものであるが――それはまた敵対する陣営それぞれにとっては、相手が永久に存続することへの屈服が均衡していることを意味し、国境内部では、ひとつの運命にたいする人びとの屈服が均衡していることを意味する。その運命は、あまりにも完全に人びとの手を逃れていってしまうので、地球が存在していること自体が、戦略家のうかがいしれぬ巧妙さと慎重さにゆだねられた偶然のたまものにすぎないものになってしまっている。それがはっきりとふくみもつ意味は、現にあるものにたいする全面的な屈服であり、またこの運命を組織する専門家たちの共存能力にたいする全面的な屈服である。

(「冬眠の地政学」『アンテルナシオナル・シチュアシオニスト3　武装のための教育』木下誠監訳、インパクト出版会、一九九七年、一一三―一一四頁。初出は、この機関紙の第七号、一九六二年四月である)

核兵器による「恐怖の均衡」。いちど核戦争になったら、どうなってしまうのか。広島、長崎がいたるところにあらわれ、未知の病におそわれて、苦しみもだえながら死んでいく。ああはなりたくない。というか、東西両陣営がいくつもの核弾頭をうちこんだら、それはもう人類の死滅だろう。爆弾でひとがふきとばされるだけじゃない。その土地も、半永久的につかえなくなってしまう。食物をつくることも、子孫をつくることもできやしない。生そのものの消滅。考えただけでもぞっとする。ようするに、東西両陣営はこうした恐怖のもとに核戦争をさけようとする。だから敵国を本気でセンメツしようとしてはいけない。敵国が存続することについては、あきらめなくてはならない、屈服しなくてはならない。そういう均衡状態にあるというのである。

それからもうひとつ。たぶん、たいせつなのはこっちのほうだ。「恐怖の均衡」は、国内のレベルでは、民衆がいまある社会秩序に全面的に服従することを意味している。核戦争をさけるためには、どうしたらいいのか。というか、いざというときにそなえて、なにをしたらいいのか。こたえは単純だ。ふつうのひとにはなにもできない、なにもしないほうがいいのである。核兵器をつかさどる政治家の、専門家の決定が、迅速かつ正確に、社会のすみずみまでいきとどくようにするしかない。上がきめたことに絶対服従だ。不服従という選択肢はありえない。それはそうだ、いつ核爆弾をうちこまれるかもしれないということは、たえず戦争状態にあるということだ。しかも、人類の死滅がかかった非常事態である。戦時体制だ、極端な戦時体制をとるしかない、いつだって。戦争をやっているときに、国のいうことにしたがわない連中がいたら生死にかかわる。みんなのめいわくだ。そういうことはやってはいけない。「恐怖の均衡」は、国家の統治技術のひとつである。人びとに生存のみを意識させ、負い目をせおわせていうことをきかせる。ヴァネーゲムがいうところの生きのびることと、サバイバルとは、そういうことである。

核戦争の人間化

しかし、国家が人びとをスムーズにコントロールするにはまだたりない。人類の死滅をちらつかせて、人びとをしたがわせるというのは、ちょっと強引というか、ムリやりいうことをきかせているにひとしいからだ。さきほど紹介した論説では、それを「最後の審判のシステム」とよんだうえで、つぎのように述べている。

この「最後の審判のシステム」（ドームズデイ・システム）の理論家たちは、たしかに降伏の絶対兵器をみいだし、歴史の拒絶をはじめて正確な技術力でもって表現した。しかし、この教条主義者らの厳密な論理は、人びとの生きのび（＝余分な生）（survie）を組織しながらかれらの生を阻害するという確固たる計画を有することの疎外社会の矛盾した欲求の一側面だけにしか対応していない。生きのびることは、現在と未来の人間労働を搾取する不可欠の条件だが、その生きのびを軽視することでドームズデイ・システムが果たしうる役割は、それゆえ、支配的な官僚制の究極の理性（＝最終手段）という役割だけであり、それは、逆説的にも、それらの官僚制がいかに真剣かを保障するにすぎない。しかし、概して来たるべき戦争のスペクタクルが完全に効力をもつには、いまからすでに、われわれの知る平和の状態の形をでっちあげ、それが根本的に要請するもののために働かねばならない。

（前掲書、一一五―一一六頁）

生きのびさせる。絶対的な暴力をみせつけて、ひとをしたがわせるのはその第一歩だ。生きのこりたいのであれば、ああしろ、こうしろと命令する。いわゆる官僚制支配である。でも、それだけでは社会も経済もまわっていかない。いくら死を意識させて、いったとおりのことをさせたとしても、そのつどいわれたことしかやらないからだ。未来をおもいうかべるのではなく、ただ死をさきのばしにするためにうごくこと。受動的だ。禁欲的だといってもいいだろうか。もちろん、いかなる命令にもしたがわずに、多様な生きかたをのぞもうとか、そういう欲望みたいなものは切り縮めなくてはならないにしても、ある尺度のもとで、こうやって生きていこうという欲求みたいなものまでなくなってしまったら、それこそ生きていないことになってしまう。生きのびることさえ軽視しているのだ。もっと積極的に、人びとを生きのびさせることはできないだろうか。もっと自動的に、社会や経済をまわすことはできないだろうか。

どうしたらいいか。平和な状態をでっちあげてしまえばいい。これこれこういうことをしたら、安全安心な生活をかたちづくることができるようになる。なるたけ人間を操作可能なままにして、しかもみずからそれをのぞむように、最小機能をもった生活回路をきずきあげる。シチュアシオニストは、その例として核シェルターをあげている。日本にいるとあまりなじみがないので、えっとおもうかもしれないが、一九六〇年代から、世界的には人口あたりの核シェルター普及率がいっきに加速していった。びっくりするかもしれないが、いま現在の普及率は、スイスやイスラエルが一〇〇%、ノルウェーが九八%、アメリカが八二%、ロシアが七八%、イギリスが六七%、シンガポールが五四%である。ちなみに、日本は〇・〇二%だ。核シェルターといっても、自宅の一室をシェルターにするところもあれば、庭やガレージ、地下室をシェルターにするところまでいろいろあり、また値段もピンからキリまであるらしいのだが、安くて一〇〇万円くらいだという。だいたい、自動車を購入するようなものだとおもえばいいだろう。

核シェルターは、耐久消費財だ。住宅や自動車とおなじように、それをもつことが生活の最低条件だとみなされる。文字どおりの意味で、生きのびるための必需品だ。いざというときに、家族で生きのこるためのスペースがある。あとは飲料水と非常食、ちょっとした日用品と薬でもあれば、なんとかなるだろう。それではあじけない、人間味に欠けるとおもわれるなら、ベッドをいれたり、部屋の飾りつけをしたり、非常食をよいものにしたりすればいい。じっさい、いまでこそ缶詰食品は種類豊富になっているとおもうが、その火付け役になったといわれているのが、核シェルターの普及である。もはや核戦争がおきても生きのびることができる。しかも、国家のいうことをイヤイヤきかされているのではない。自分の家族といっしょに、日常生活をおくることができるのだ。マイシェルターで、一家団欒《だんらん》。そのためにはカネを稼ごう、もっと稼ごう。人びとは積極的に生きのびようとする。核戦争の人間化だ。

冬眠の地政学

もちろん、ほんとうに核戦争になってしまったら、シェルターなんて意味がない。空気の補給ができなければ、けっきょく外の空気をすって被曝するしかないだろうし、かりにそれができて一時的にしのげたとしても、まわりが放射能で汚染されてしまえば、食糧がとれないわけで、やはり死ぬしかないだろう。核シェルターには、物理的な効果はさほどないのである。じゃあ、なんで必要とされるのか。

どのような恐喝についてもいえることだが、ここでも防衛というのはたんなる口実にすぎない。シェルターの真の使途は、人びとの従順さを測り、それゆえそれを補強することであって、支配的な社会に好都合な方向へとこの従順さを操作することである。豊かな社会で消費しうる新食品の創造とおなじく、シェルターは、これまでのいかなる商品にもまして、きわめて人工的な欲求を満たすために人間をはたらかせることができるということを示している。この人工的な欲求は、「たえて欲望であったためしがなく、欲求にとどまる」。また欲望になる恐れもないのである。

（前掲書、一一八―一一九頁）

核シェルターの意味は、人びとを従順でいさせることにある。しかも、ただ官僚制支配をとおすわけではない。支配的な社会をはみだしてしまうような、多様な欲望はきりすてるにしても、人びとの希望というか、のぞみをすべてなくしてしまったら、そもそも社会がうごかなくなってしまう。だから人工的に、それしかないという希望をつくりあげ、人びとがそれをみずからのぞむように駆りたてる。ここでは、そういう人工的で交換可能な希望のことを欲求とよんでいる。欲求は、カネで買うことができるものであり、カネをたくさんつめばつむほど、よいものにしていくことができる。そのためには、とうぜんはたらかなくてはならないわけで、支配的な社会にとって、資本主義社会にとって、これほど都合のよいものはないだろう。核シェルターは、商品の世界というか、消費の論理を、もっとも純粋にしたものであって、もっともわかりやすいかたちで、人びとを生きのびさせる装置みたいなものである。シチュアシオニストは、このことをまたつぎのようにいいかえている。

核シェルターは、戦争ではなく戦争の脅威を、現代資本主義において人間を定義するもの、すなわち消費者としての義務という意味での「人間的尺度」に引き戻すのである。人間化についてのこうした問いかけは、人びとの抵抗を抑圧するのにもっとも有効な虚偽を広く確立することを率直にめざしている。

（前掲書、一二三―一二四頁）

核戦争の脅威をあおるのは、人びとを統治するためである。核シェルターをつうじて、脅威は「人間的尺度」に還元される。けっきょく、どうすればいいのかというと、なにも考えずにはたらいて、とにかくたくさんの商品を購入しろということだ。それ以外の生きかたをすれば人類が死滅する、まわりのめいわくだといいはって。むろん、ウソっぱちだ。東西両陣営が、ほんきで核弾頭をうちあったら、シェルターをもっていようがいまいが、どのみちみんな死ぬだけなのだから。核戦争の人間化なんてありえない。まやかしだ、そんなもの。核戦争は、ただ人間の生を消滅させるだけである。正直、なにかにすがるようにシェルターを購入したひともふくめて、それに気づいていないひとなんていないはずだ。冬眠の地政学。わたしは睡眠が大好きだが、そのまま死んでしまうのはまっぴらだ。そろそろ、人間の思考をシェルターの冬眠生活からときはなとう。

原子力の平和利用ならぬ統治への利用

さて、核兵器は人びとに人類の死滅を意識させた。その恐怖のもとに、人びとはおもいきり無力化され、国家にしたがわされた。いつだって戦時体制、非常事態なのだから、したがわなければみんなが死ぬぞ、めいわくだと、ひどい負い目をせおわされて。もちろん、ムリやりそうさせていたばかりではない。核シェルターだのなんだのと、これこうすれば家族で幸せにくらせますよという生活回路をつくりだし、それを充実させるために人びとが駆りたてられるようにした。生きのびることだ。国家は、暴力をふりかざすことによって、人びとを奴隷として組織化したのである。でも、これだけではやはりまやかしにすぎないのかもしれない。さきほども述べたように、核シェルターがあったとしても、ほんとうに核戦争がおこってしまえば、まあ死ぬしかない。これがあれば夢の生活をおくれますよというには、ちょっとムリがあるだろう。でも、こんなに便利な統治技術は手ばなしたくない。それで核兵器の開発と同時にすすめられてきたのが、原子力の平和利用という議論である。原発だ。

米国は、軍事目的の核物質のたんなる削減や廃絶以上のものをもとめていく。核兵器を兵士たちの手からとりあげることだけでは十分とはいえない。そうした兵器は、核の軍事用の包装をはぎとり、平和のために利用する術をしる人びとにたくさなければならない。

米国は、核による軍備増強という恐るべき流れをまったく逆の方向にむかわせることができるならば、このもっとも破壊的な力が、すべての人類に恩恵をもたらす偉大な恵みとなりうることを認識している。

米国は、核エネルギーの平和利用は、将来の夢ではないと考えている。その可能性はすでに立証され、今日、現在、ここにある。世界中の科学者および技術者のすべてがそのアイデアを試し、開発するために必要となる十分な量の核分裂物質を手にすれば、その可能性が、世界的な、効率的な、そして経済的なものへと急速にかたちを変えていくことを、誰一人疑うことはできない。

（以下のサイトで、原文および対訳を読むことができる。http://aboutusa.japan.usembassy.gov/pdfs/wwwf-majordocs-peace.pdf）

これは一九五三年一二月八日、アメリカのアイゼンハワー大統領が、「平和のための原子力」と題して、国連総会で演説をしたものの一部だ。世界は核兵器の開発によって、未曾有《みぞう》の脅威にさらされている。このままではまずい。じゃあ、どうしたらいいかというと、核兵器を手ばなすとかそういうことではない。ただ手ばなせといったとしても、どこの国もそうはしないだろう。じゃあじゃあということで、アイゼンハワーがいったのが、原子力の平和利用であった。原子力を軍事目的でもちいるのではなく、平和目的でもちいよう。たとえば、各国の経済成長のためにつかう。原子力の絶大なエネルギーが、ひとを殺すためにではなく、ひとを生かすためにもちいられるなら、だれも反対なんてしないだろう。夢のエネルギー源、原発をつくろうと。一九五七年には、国際原子力機関（ＩＡＥＡ）が設立され、原子力の平和利用がすすめられていく。

ほんとうのところ、アメリカはこんなことをいいながら、核実験をくりかえしていたわけだし、原発は平和だとかいっておきながら、そもそもプルトニウムを爆弾にかえることができるわけで、いっていることはかんぜんにでたらめだ。では、なんでそんなことをいったのかというと、アメリカからしたら、すでに核兵器は、ソ連もイギリスもフランスももっていて、それだけではもういばれなくなっている。いちど核爆弾をつくってしまえば、それ以上の技術力をもたなくても、世界を滅ぼせるだけの力をもつことになるからだ。勢力均衡。だから、まだアメリカの技術力がまさっているうちに、平和利用というかたちで原子力技術をひらき、その主導権をにぎってしまおうとか、そのくらいのことを考えていたのだろう。ともあれ、これで世界中に原発がひろまっていくことになる。おそらく、アメリカにしても、ほかの国々にしても、はじめから意図していたわけではないだろうが、すぐに気づいたことだろう。人びとを統治するのに、こんなにつかいがってのよい装置はないと。原子力の危機管理。核兵器とおなじだけの脅威をもちながらも、とてもポジティブで平和なイメージをもって、国内にバンバンと建設されていく。あっというまに、原子力国家の誕生だ。

「原子力の父」は大杉栄と対峙していた

そんなこんなで、日本にも原発がつくられていく。一九五五年には、原子力基本法が制定され、原子力の平和利用のためのルールがきめられる。翌年には、原子力委員会が設置され、その指導のもとに原発の開発がすすめられた。一九六三年一〇月二六日には、茨城県《いばらきけん》東海村《とうかいむら》で日本初の原発がたてられている。世界的にみれば、一九七九年にスリーマイル島事故がおこってからは、アメリカでは原発の増設をおこなっていないし、一九八六年にチェルノブイリ事故がおこってからは、ヨーロッパも増設していない。それがふつうである。でも、なぜか日本は意にかいさない。すさまじい事故をしりめに、バンバンと原発をつくり、すでに四三基にもなっている。そして、二〇一一年三月一二日、福島《ふくしま》第一原発の爆発事故だ。その後、いまのところ全基とまっているが、政治家や電力会社はまだうごかそうとしているわけだし、増設もしようとしている。すごいことだ。この国の支配者たちは、よほど原発に魅せられたのだろう。

ちなみに、原子力委員会の初代会長をつとめ、「原子力の父」ともよばれているのが正力《しょうりき》松太郎《まったろう》だ。かれは、一九二四年から読売《よみうり》新聞の社長になり、発行部数を飛躍的にのばしたことや、戦後にはいって、一九五二年、日本《にっぽん》テレビの創業者になったことでしられているが、ようするに、ぎゅうじっていたマスメディアの力をフルにいかして、日本にも原発が必要だという世論をつくっていったのである。かんぜんに余談になってしまうが、じつはこのひと、大正時代のアナキストとはものすごく縁がふかい。正力は一八八五年生まれ。大杉栄とおない年だ。東京《とうきょう》帝大をでたあと、警察官僚をめざし、どんどん出世していく。そして、ちょうどふたりが三〇代、あぶらがのりきっていた時期に、おもいきりやりあうことになる。

第一章では、わかいころ、大杉がなんども警察につかまっていたはなしをしたが、正直、二〇代半ばにはいってから、かれはそれほど懲役刑をくらうようなことはしていなかった。それこそ、その場でとりおさえられて拘束されたり、かいちゃいけないことをかいて、罰金刑をくらったりはしていたものの、牢獄にはいれられていなかったのだ。警察からすれば、大杉みたいなゴロツキには、ずっと獄中にいてほしかっただろう。それで、業を煮やした警察は、一九一九年七月、たいしたことをやっていないのに、ムリやり大杉をつかまえた。いわゆる巡査殴打事件だ。もちろん、たいしたことはやっていないといっても、警官をぶんなぐって、血をふきださせたりしているのだが、どうもそのときにではなく、二ヵ月後になって、とつぜん傷害罪で起訴されたらしいのだ。懲役、三ヵ月。しかもこのころ、大杉はむやみやたらと警察にからまれている。巡査殴打事件の裁判をやっていたとき、大杉は保釈金をはらって、しばらく外にでていたのだが、そのとき友人の画家、林倭衛《はやししずえ》がたずねてきて、「出獄の日のO氏」という絵をかいた。できがよかったので、林がそれを二科展《にかてん》という展覧会に出品したところ、警察は「大杉の絵をかざるのは犯罪的だ」といって、その作品の展示を禁止してしまったという。

これでぶちきれたのが、大杉だ。警視庁にのりこみ、だったらオレが絵になって出品されてやろうかと、どなりごえをあげたそうだ。さらにちょうどこのころ、大杉は別件で弁護士にたのみこみ、名誉棄損で警視庁をうったえたりもしている。このとき、訴訟の相手になったのが、警視庁刑事課長の正力だ。大杉は、正力にたいして、オレの名誉回復のために、全国の新聞各紙に謝罪広告をのせやがれといっている。結果は、大杉の敗訴なのだが、正力からすれば、ゴミだとおもっていたアナキストにからまれて、しかも訴訟をおこされているわけだから、人生の汚点というか、よほどムカついたことだろう。一九二三年九月一六日、大杉は関東《かんとう》大震災のどさくさにまぎれて虐殺されるのだが、個人的なうらみもあったから、正力もかかわっていたんじゃないかといううわさもあったくらいだ。あくまでうわさだが。その後、大杉の近辺にいたアナキストたちは、復讐テロを決行した。詳細は最終章でふれるが、震災当時の戒厳令司令官をねらって失敗した。でも、そうした復讐テロのひとつとして、一九二三年一二月二七日、虎《とら》ノ門《もん》事件がおこる。これはアナキストの難波《なんば》大助《だいすけ》が、東京の虎ノ門ちかくで、皇太子裕仁《ひろひと》を狙撃《そげき》した事件だ。このとき、正力はさらに出世して、警視庁警務部長になっていたが、それが運のつき。事件の責任をとらされ、懲戒免職にされることになった。ある意味、アナキストにおいだされたのだ。それで新聞業界へと、ぜんぜんちがう道をえらぶことになった。

さらに、そのあともアナキストとは関係がある。一九四五年、読売争議という戦後初のストライキがおこるのだが、このとき読売新聞社の印刷工場を占拠して、ストライキを主導していたのが、大正時代、大杉のとりまきだった印刷労働者だった。かれらはストライキの要求項目に、正力の追放をかかげ、じっさいそれに成功している。もうちょっと正確にいえば、正力は公職追放となり、いったん新聞社をしりぞくことになったのだ。しかも、A級戦犯として逮捕された。正力にとっては、どん底時代だったろう。でも、不起訴となり、ふつうにでてきてしまう。そして、そこからのまきかえしがまたすごい。ふたたび読売新聞の実権をにぎるばかりではなく、一九五二年には日テレをたちあげ、さらに声をかけてきたアメリカのCIAと手をむすんだ。

ちょうど、時代が時代だ。CIAは原発の導入をすすめてきた。くわしいはなしは、有馬《ありま》哲夫《てつお》『原発・正力・ＣＩＡ』（新潮社、二〇〇八年）にかいてあるので、ぜひとも読んでもらいたいが、その後、正力はＣＩＡの意向をうけて、原発の導入に力をそそいでいく。正力は、ＣＩＡのスパイだったのだ。だからどうしたというはなしでもあるのだが、わたしなどは、率直にこうおもってしまう。もし大正時代のアナキストが、大杉虐殺の黒幕を正力だと考えていたらどうだったろうか。もし、ちゃんとうちはたしていたとしたら、日本に原発はあったろうか。もしあったとしても、ここまで原発に執着する言説はあったろうか。正力松太郎の首を大杉栄の墓前にそなえよ。妄想だ。

原子力国家の三本柱①――負債による労務管理

ちょっと余談がながくなってしまった。そろそろ、原発がわたしたちにどのような影響をおよぼしているのかを考えてみたいとおもう。原発のおそろしさはどこにあるのか。それは、核兵器の効力とおなじようなものだ。原発はいちどたてられると、すくなくともその地域の人びとに莫大《ばくだい》な負い目をせおわせ、まるで機械であるかのように操作可能な対象にしてしまう。かれらは、たえず非常事態、戦時体制にあるようなものなのだから。しかも、それが平和的だとか、経済のためだとか、お国のためだとか、なんだかポジティブにおもえるようなことばでおおいつくされ、気づけば、機械のようにうごくことをうけいれるようになってしまっている。原発の権力は、人びとの生活のすみずみにまでしみわたっているのだ。こういいかえておこう。原発は、人間の生を奴隷化するもっとも強力な装置である。

では、もうすこし具体的にいうと、原発はなにをやってきたのだろうか。このことを考えるためにもっとももよい本が、ロベルト・ユンク『原子力帝国』（社会思想社、一九八九年）である。原発問題では、古典中の古典といえる。原著が出版されたのが一九七七年ということもあって、それこそ一九七九年のスリーマイル島の事故直後には、世界中でむさぼり読まれた。この本を読んでみると、原発がやってきたことは、つぎの三つにまとめることができる。いってみれば、原子力国家の三本柱だ。

（一）　負債による労務管理
（二）　原子力生活の全面化
（三）　対テロ戦争の日常化

まず、ひとつめからみていこう。負債による労務管理とはなにかというと、原発作業員に負い目をかんじさせて、不平不満をおさえることである。とりわけ、原発はちょっとした事故がおこれば、それが即座に大惨事につながるため、ほかの職種とくらべて、はるかにおおきな負い目をかんじさせることができる。労働時間がながいとか、人手がたりなくて、あまりに過酷な作業だったとしても、サボればみんなが死にかねない、だからそれはやってはいけない、めいわくだという意識が、現場作業員のなかにすりこまれているのである。ユンクは、一九七六年九月にフランスのラ・アーグ再処理工場でまきおこったストライキを例にあげている。これは、原発作業員が会社のずさんな放射線管理にハラをたて、その待遇改善をもとめたストライキだ。ストライキは、三ヵ月にもおよぶ大規模なものであったが、しかしある欠点のために、どうしても力がよわく、敗北せざるをえなかった。ちょっとながくなるが、引用してみよう。

労働者たちのこの「ノン」は、そう長くは続かなかった。工場側が数人の同僚にたいして、例外規定をたてに義務履行を迫ったとき、ストライキの指導部は無力であった。かれらは、専門家自身が不可抗力の状態と断定した、この事態に屈服せざるをえなかった。もしそうしなければ、全工場のとりかえしのつかない「放射能汚染」が予想されたからである。譲歩を余儀なくされたのちにおこなわれた、苦渋にみちた論争のなかで、このストライキが古いスタイルのストライキとはまったく違うものであったことが、はじめてみとめられた。工場の安全確保のために、労働者の一部はたえず就業していたのである。

現にここでは、新しい種類の社会的状況が問題となっている。原子力施設では、通常の工場とおなじように、かんたんにストライキをおこなうことはできない。なぜなら、そこでは、一時間以上停止すれば重大な災害を招かずにはいない化学－物理反応がおこなわれているからである。たとえば、冷却装置が切られたり、あるいは、ある装置の運転能力をすこし落としただけでも、高レベルの汚染物質が放出され、工場全体、さらに環境までが危険にさらされることもありうるのである。

（ロベルト・ユンク『原子力帝国』山口祐弘訳、社会思想社、一九八九年、四三―四四頁）

これ、どういうことかというと、原発作業員はまともにストライキすらうてないということだ。ほんらい、ストライキのつよみがどこにあるかというと、労働者が労働者自身の手でいつでも生産活動をとめることができるということにある。それを資本家にみせつけることで、その圧力をつうじて要求をかちとるのだ。でも、原発作業員にはそれができない。作業が一時間以上停止すれば、大惨事をまねいてしまうからだ。高レベルの放射性物質が、おもいきり放出されてしまう。だから、ストライキをうつにしても、かんぜんに工場をとめることはできず、だれかがうごかして安全管理をせざるをえない。それでは、会社側はこわくもなんともないし、労働者側の要求をみとめるはずもないだろう。ようするに、原発作業員は、たえず核の脅威にさらされていて、非常事態だ。作業をとめることはわるいことだ、やってはいけない、まわりのめいわくだ。そうおもわされて、ほんきでストライキをうつことを自主規制してしまう。わたしなどはそれでもイヤになったら、ヒョイと仕事をやめて逃げてしまえばいいとおもってしまうのだが、きっとその場にいると、そうはいえないなにかというか、莫大な負い目、責任感のようなものをうえつけられてしまうのだろう。

負債による労務管理はどんな職種でもおこなわれるようになっている

このはなしをきいて、なんだかきいたことがあるぞとおもったひとはおおいのではないだろうか。それもそのはずで、負債による労務管理は、現代の労働では、どんな職種でもおこなわれるようになっている。ポスト工業化社会とか、情報化社会とか、サービス化社会とか、ポストフォーディズムとか、いろんないいかたがあるとはおもうが、そのなかみはぜんぶおなじだ。一九七〇年代初頭から、労働の性質がかわった。ひとむかしまえまでの工場労働者であれば、なにも考えずに、ただおなじ商品をつくっていればよかったが、いまはちがう。たとえば、IT労働で情報を提供するにしても、ケアワークでサービスを提供するにしても、お客さまを意識して、自分なりの工夫をして相手をもてなさなくてはならない。それがはたらきがいにつながるとか、労働の人間化なのだというひともいるが、まあウソっぱちだ。もたらしたのは、負い目をせおわせるということ。おまえがサボったら、お客さまがどうなるかわかっていますよね。まわりのめいわくを意識させられて、仕事をサボることができなくなったというだけのことだ。もちろん、ストライキなんてうてやしない。そう考えてみれば、原発作業員というのは、そのなかでも究極の存在だということができるだろう。サボったらどうなるかわかっていますよね、自分たちばかりじゃない、近隣の人たちが死滅しますよ、全国の人たちが被曝しますよと。究極の選択だ。こわい、こわすぎる。

もうひとつ、原発作業員が現代的な労働の典型だといえるのは、そのおおくが非正規だということだ。福島の事故後、けっこう原発についてのニュースがながれたので、いまではしられるようになっているのかもしれないが、すくなくとも日本では、高レベルの放射線をあびて、原発の修復や安全管理のために、防護服をきて窒息しそうになったり、暑さで死にそうになったりしているのは、東京《とうきょう》電力や関西《かんさい》電力の正社員ではない。全国の原発作業員があびている放射線量を比較してみると、どうも正社員が三%、非正規社員が九七%だそうだ（のべ人数だと、正社員が七七〇〇人で、下請けが五五五〇〇人）。おどろきである。堀江《ほりえ》邦夫《くにお》『原発ジプシー』（現代書館、二〇一一年）にかかれているのだが、電力会社の正社員というのは、きれいな服をきてみまわりにくるくらいで、汗水たらして、よごれ仕事をすることはない。非正規社員は、だいたい電力会社の子会社、孫請け会社によって、全国からかきあつめられてきて、なんの知識もないままにはたらかされ、ひどい差別待遇をうけて、でもおそろしいことに、負債による労務管理はつらぬかれている。

ほんとうに、『原発ジプシー』を読んでいてびっくりしたのだが、堀江さんが美浜《みはま》原発で作業員としてはたらいていたとき、雇ってもらった子会社の現場責任者から、朝礼のときに「ケガをしたら電力さんにあやまれ」といわれたらしい。「電力さん」というのは、親会社である電力会社のことだ。じっさい、堀江さんはそのあと、福島第一原発ではたらくのだが、作業中にマンホールにおっこちてしまい、肋骨《ろっこつ》をおるほどの大けがをしてしまった。そのとき、ほんとうに救急車もよんでもらえなかったらしい。現場責任者は、たすけをよぶよりも、どうやって親会社である東京電力に事故をかくすのかであたふたしてしまう。けっきょく、堀江さんは友人の作業員にたすけられて九死に一生をえるのだが、そのあと子会社の所長がいってきたことばがまたすごい。労災を申請するな、申請すると事故が公になり、マスコミがまた放射能だのなんだのとかきたてる、そうなったら、親会社の迷惑になるでしょうと。

堀江さんは、このことをつぎのように分析している。

東電にたいする異常なほどの〝忠節心〟。この背景にはなにが存在しているのか。

業者にすれば、仕事が受注できなくなる不安がある。が、それだけではない。むしろ、東電（電力会社）が原発の安全性を主張するあまり、「異常」とも思える対マスコミ・対住民への〝配慮〟が、有形無形の圧力となって業者にはね返っているのではないか。「事故・故障隠し」や「労災隠し」は、おなじ一本の根から派生しているのだ。

（堀江邦夫『原発ジプシー』現代書館、二〇一一年、二〇九—二一〇頁）

東京電力は、異常なくらい原発の安全性をうったえかけている。じっさいに、放射能漏れしていようがいまいが関係ない。安全でなくてはならないのだ、ひとの生死がかかっているのだから。ほんとうはあべこべなことなのだが、このまわりへの配慮が下請け会社にまでいきわたっている。むしろ現場にいるぶん、もっと過剰なかたちで圧力がかかっているのだろう。だから、労災かくしなんてお茶の子さいさい、ほんとうに事故をおこして、放射能がもれたとしてもかくしてしまう。原発事故の情報が、外にいるわたしたちにまでつたわってくるのは、よほどの大事故のときだけだ。安全な生活をまもりましょう？　まわりへの配慮は、大虐殺をもいとわない。

原子力国家の三本柱②――原子力生活の全面化

さて、原子力国家の三本柱、もうひとつは原子力生活の全面化だ。政府や電力会社は、無限のエネルギー供給源として、国内に原発をもちこもうとする。とはいえ、どの国でも市民の抵抗はさけられない。とくに原発施設の近隣住民にとっては、ちかくに核がもちこまれるのだから、それは不安におもうだろう。じゃあどうしたのかというと、まずは情報操作だ。さきほどとりあげた本のなかで、ユンクはこんなふうにいっている。

ここには危険、危難のいかなる徴候もない。危険があるとの噂は――バルトヘルト氏、ボアトゥー氏、フェルドマン氏が沈痛な面持ちで遺憾の念を表明するように――「センセーショナルな事件の報告」のなせるわざであり、「錯綜した感情」と「根拠のない不安」を許容する「まったくの無知」に起因するのである。

地球上のどの国においても、核エネルギーの実質的な利用が開始される以前に、一般大衆が適切で客観的な情報をあたえられたことはないし、かれらの意見の発表を請われたこともない。市民にとって重要な決定は、当時は政治家、実業家、そしてかれらのもとにある科学的鑑定人の小さなサークル内の内密な議論においてなされていた。大衆は――もしあるとしたら――提供された問題のはなやかな面のみを見せられていたのである。

（ロベルト・ユンク『原子力帝国』山口祐弘訳、社会思想社、一九八九年、一一八頁）

ようするに、原子力の情報については、政治家や電力会社、御用学者などのひとにぎりの人間がにぎっていて、それが客観的な知識といわれているということだ。一般の人びとは、なんの知識もないままに原発をつくられてしまい、あぶないんじゃないかとさわぎたてれば、「倒錯した感情」だの、「根拠のない不安」だのといわれてしまう。わたしたちが放射能について、ああだこうだというのは無知ゆえであり、ヒステリーだというのである。政府や電力会社は、ジャンジャン、カネをだし、マスメディアに御用学者を登場させて、自分たちがいっていることはただしいんだという認識をひろめようとする。日本でいうと、マスメディアの側でその役割をになっていたのが、さきほど紹介した正力松太郎ということになるだろうか。

もちろん、そんなとってつけたようなはなしを信じない人たちだってたくさんいる。良心的な科学者をかこんで知識を獲得し、ねちっこく抗議活動をする市民だってたくさんいたわけだし、原発の近隣住民で、とくに農業や漁業をやっている人たちからすれば、もう切実にやめてもらいたいとおもったことだろう。メディアをつかっただけでは、市民の抵抗をおさえることはできやしない。じゃあ、どうしてきたのか。じつは、とてもかんたんで、既成事実である。いちど原発をつくってしまえば、いくらでも情報統制をしくことができる。というか、市民が自発的におしだまるようにしむけることができるのだ。

広島と長崎の被害で原子力の恐怖がもっとも深く定着している日本においては、国立の原子力機関によって公開討論が最近予告されたが、その後改めて中止されている。それは、住民の憤激を懸念しているからである。しかしそれでも住民は文書で質問することができる。言うことをきかない市町村は、スポーツ施設、病院、新しい学校のための特別交付金によって買収される。フィリピンでは、原子力委員会が上映する映画を見ることが農民、漁民、猟師の義務となっている。新聞やラジオは罰則の威嚇のもとに完全に啓蒙作戦に奉仕しなければならない。

（前掲書、一一九頁）

フィリピンのはなしもすごいのだが、ユンクが日本を例にあげていることに注目しよう。日本は原爆をおとされていることもあって、原発問題にたいしては反対の意見がねづよい。だったらということで、ムリやり原発をたててしまい、そのうえで市町村に巨額の特別交付金をくばったのである。電源立地地域対策交付金、いわゆる原発交付金である。二〇一一年度に経産省が試算をだしているのだが、だいたい四〇年間で、市町村にくばられる原発交付金の総額は、約一三八四億円にものぼるそうだ。それにくわえて、市町村は固定資産税をとることができる。原発交付金で、病院や学校、図書館、レジャー施設などがととのえられる。しかも、これまで過疎化になやんできたような市町村に、大量の労働者があつまり、商店街もにぎわうことになる。経済効果はてきめんだ。

そして気づけば、そこに住んでいる人たちは、原発なしにくらすことができなくなっている。四の五のいう連中がいれば、だまらせてやらなくてはならない。おまえはおれたちの生活をこわす気か、責任がとれるのかと。おそろしいことに、そのときかれらがいっていることを正当化してくれるのが、御用学者の言説だ。ただしいかどうかなんて関係ない。おもてむき、そういえなくてはならないのである。原発が事故をおこすことなんてありえない、放射能は安全だ、それにうたがいをもつ連中は狂っているのだと。原発の近隣住民は、ある種の負い目をうえつけられる。原発があぶないとおもうのはわるいことだ、いってはいけない、いったらこの地域の生活がこわれてしまう、まわりの人たちの、みんなのめいわくになるからやめましょうと。原子力の暴力が、地域住民の生活を全面的におおっている。

原子力国家の三本柱③――対テロ戦争の常態化

原子力国家の三本柱、みっつめが対テロ戦争の常態化だ。とつぜん原発が爆発し、放射能にさらされてしまう。その恐怖のイメージは、作業員の事故によるものだけではない。というよりも、政府や電力会社、御用学者は、事故はありえないといっているわけだから、それ以外のなにかによるものになるだろう。テロリズムだ。どこかの国の工作員が作業員としてもぐりこんで爆破されてしまうとか、飛行機がハイジャックされて、そのまま原発につっこんでくるとか、そんなイメージが氾濫《はんらん》している。国家にとってはもってこいだ。いつでもテロリズムがおこりかねない。しかも、未曾有の被害をだせるテロリズムだ。それは、いつでも非常事態にあるということであり、戦争状態にあるということである。国家は社会を防衛しなければならない。警察は、なかば軍隊のようにうごくだろう。ぎりぎり殺しはしないかもしれないが、反抗の気運をくじくような強力な兵器が開発される。そして、それが日常的に市民の反対運動をしずめるのにもちいられる。わたしたちは、潜在的にはみなテロリストであり、テロリストとしてうちのめされるのである。いたいのはいやだ。

しかし、対テロ戦争としてやられているのは、物理的な暴力ばかりではない。じっさい、ほんとうにテロリストに襲撃されたとして、そのつど鎮圧をするというのは、あまりにリスクがたかすぎる。ということで、国家がやりはじめたのが予防的統制である。監視だ。ユンクは、一九七六年当時、この問題についての小冊子をだしていたマイケル・フラッドとロビン・グローヴ＝ホワイトという反原発運動の活動家にインタビューをし、そのことばを紹介している。

「〝市民的不服従〟にたいする恐れから、〝保安隊〟はうたがわしいとみなした者を私生活にいたるまで予防的に統制しようとするかもしれません。原子力施設の保安を義務づけられている既存の特殊部隊は、将来少なくとも五〇〇〇人の人員を数えることになるでしょう。そのうえ、〝データ発見〟のための最新式の技術的装備を施した数多くの監視者が加わるはずです。〝データ発見〟とはスパイ活動のあたりさわりのない表現にすぎませんが、この場合は監視の目はもっぱら自国の市民にむけられているのです」。

（前掲書、二二二頁）

自国民のすべてを、あやしいとおもえばいつでもとりおさえられるようにしておかなくてはならない。はじめは、原発作業員の監視からはじまった。作業員の素行や思想をしらべあげて、すこしでもあやしいうごきをしたら、こんりんざい雇わないようにする。あやしいといっても、テロリズムうんぬんではない。原発に批判的であるかどうかである。そこからさらに、監視の目は一般市民へとひろげられていく。いつだれがどこでテロリストになるかなんてわからない。だから、国家はあらゆる市民の個人情報を把握し、あやしいうごきを予防できるようにしなくてはならない。いまでいえば、電話やメールまでふくめて、いつだれがどこでなにをはなし、なにを買ったのかまで、すべてしられているということだろうか。ふつうなら、ここまでやったら、国家といえども犯罪である。盗聴なのだから。でも、原子力国家ではそれがゆるされる。ユンクは、こうまとめている。

したがって、原子力の発展の危険性は、以前からすすめられているやり方の合法化に寄与することとなり、テクノクラート国家の市民にたいする監視の拡大が恣意であるという悪評から解放することとなる。いまや新たな技術的現実のもとでは、行政権や行政官庁が憲法に定められた限界をふみこすことは避けられないところとして許容されるから、法治国でありながら無権利状態が拡大していく前提がつくりだされているのである。

（前掲書、二二五頁）

国家の非合法行為が、テロ対策のためだからという理由で正当化される。対テロ戦争の常態化だ。一九七〇年代、ユンクはこれをそうなってほしくないディストピアとしてかたっていたが、正直なところ、二〇〇〇年代にはいった現在では、ふつうにやられるようになっている。おそろしいことだ。そして、その対テロ戦争の最たる象徴が原発なのである。原発、ちくしょう。ちなみに、もうちょっとだけ悪意をこめていっておくと、七〇年代、それまで交通の監視にのみもちいられていた監視カメラを、人間にまでもちいたのも原発がはじめてであったという。いまでは、これでたいていのひとが、いつどこでなにをしていたのかがわかるようになってしまっている。息苦しい。わたしたちは、文字どおり原子力国家を生かされているのだ。

原子力装置を破壊せよ

以上、原子力国家の三本柱について説明してきた。ようするに、原発というのは、人間にものすごくおおきな負い目をせおわせたり、徹底的に監視したりして、いくらでも操作可能な対象にしたてあげていく装置みたいなものである。根っこにあるのは、人類の死滅という圧倒的な恐怖であり、暴力である。やっていることは、征服国家とおなじことだ。人間を生きのびさせようという力が、より狡猾《こうかつ》で絶大なものになっている。しかも、いまの日本では、その原発が爆発し、放射能がわたしたちの生活をおおいつくしている。具体的なことは、「はじめに」でふれたのでくりかえさないが、わたしは、放射能が東北関東《とうほく》にとびちったことで、とりわけ原子力生活が、文字どおり全面化したのではないかとおもっている。

じつのところ、いま、東北関東ではくらせばくらすほど被曝していくわけで、すくなくとも子育てや農業はできないのだとおもう。ふつう、これを生活できない状態だという。ほんとうはさわがなくてはいけないし、移住するにしてもしないにしても、国からカネをとらなくてはいけない。でも、やってはいけない。やったら、あたまがおかしくなったとか、ヒステリーをおこしているとかいわれてしまう。物理的に放射能があぶないかどうかとか、そういうことではない。むしろ、あぶなければあぶないほど、そういってはいけないという圧力がかかる。なぜなら、あぶないとわかったら、東京の経済がおわるからだ、仕事がなくなるからだ、まわりのめいわくになるからだ。これは電力会社の子会社、孫会社が、放射能漏れの事故をおこしても、事故はおこっていないというのとおなじことだし、原発の近隣住民がまわりの人たちの生活を考えて、放射能はあぶないといってはいけないとおもわされるのとおなじことである。放射能がとびちったということは、東北関東一帯が原発になったのとおなじことだ。原子力装置はどこにでもある。

じゃあ、このまま死んだように生きればいいのかというと、そんなことはない。『はだしのゲン』をおもいだしてほしい。いま、わたしもふくめて東北関東の人たちは、すでに大量の放射能をあびている。おしまいの人間たちだ。なんだか、みょうに重苦しい負い目だけをせおわされて、それでいて将来なんてみえやしない。自分や、自分より下の世代がどんな死にかたをしていくのか、考えたくもないことだ。希望なんてありはしない。でも、だったらゲンのように、ひらきなおって生きなおしてしまえばいいのではないだろうか。いつでもなんどでもゼロになって、あたらしい生をいきてしまえばいい。原発に生きのびさせられるのではなく、好きなように生きたいとおもう。ウジ虫のようにはいつくばり、ハエになってとびたつのだ。しかし、もしそれすらもさせてもらえないのだとしたら、わたしたちはいったいどうしたらいいのだろうか。わたしはかんたんなことだとおもっている。原子力装置を破壊せよ。そろそろ、国家について考えるのもあきてきた。もういちど大杉栄にもどって、わたしたちふつうの人間が手にしている暴力について考えてみよう。

第三章　生の拡充

──支配のための力を解体する

生きたいとおもうことは、暴力をふるうのとおなじことだ

生ということ、生の拡充ということは、いうまでもなく近代思想の基調である。近代思想のアルファでありオメガである。しからば生とはなにか、生の拡充とはなにか、僕はまずここから出立しなければならぬ。

生には広義と狭義とがある。僕は今そのもっとも狭い個人の生の義をとる。この生の神髄はすなわち自我である。そして自我とは要するに一種の力である。力学上の力の法則にしたがう一種の力である。

力はただちに動作となって現れねばならぬ。なんとなれば力の存在と動作とは同意義のものである。したがって力の活動は避けえられるものでない。活動そのものが力の全部なのである。活動は力の唯一のアスペクトである。

されば われわれの生の必然の論理は、われわれに活動を命ずる。また拡張を命ずる。なんとなれば活動とはある存在物を空間に展開せしめんとするの謂いにほかならぬ。

けれども生の拡張には、また生の充実をともなわねばならぬ。むしろその充実が拡張を余儀なくせしめるのである。したがって充実と拡張とは同一物であらねばならぬ。

（大杉栄「生の拡充」『大杉栄全集 第2巻』ぱる出版、二〇一四年、一二七頁）

これは大杉栄《おおすぎさかえ》「生の拡充」の一節だ。だいじなところなので、ちょっとながめに引用してみた。ここで、大杉は、生とは自我であり、自我とは力であるといっている。力は動作となり、活動となってあらわれる。そして、それはあらゆる方面に拡張していこうとするものであり、そのなかみを充実させていこうとするものである。ようするに、生とはヴァネーゲムのいう、生きたいとおもうことだといえばわかりやすいだろうか。あれがしたい、これがしたい、あれができる、これもできる。際限なくわきあがってくる欲望を、どんどんかたちにしていく。そういう生きたいとおもう力が、たえずいろんな方面へとひろがっていくのだ。爆弾みたいにおもいきりとびちる。あばれる力、暴力だ。ひとはそれをうんとよいものにしようとするだろうし、うんとおもしろいものにしようとするだろう。あたりまえだ。大杉は、これを生の必然の論理とよんでいる。生の拡充とは、ひとがふだんからわれしらずやっているようなことなのである。これだけだと、まだちょっとわかりにくいかもしれない。もうすこし、大杉のことばをひろってみよう。

自我は自由に思索し自由に行動する、ニーチェのいえるがごとく、彼岸にむかう渇望の矢である。われわれはまず、この自我を、いっさいの将来をふくむこの神秘なる芽を、捕捉し発育せしめねばならぬ。

（前掲書、一六四頁、大杉栄「生の創造」）

生きたいとおもうことは、暴力をふるうのとおなじことだ。力はあばれゆくものである。なにをするべきか、なにをしてはいけないのか、そんな価値尺度は存在しない。はじめからいっちゃいけないことなんて存在しない、やっちゃいけないことなんて存在しない。なにをするのもぜんぶ自由だ。ほっとけ。それが善悪の彼岸をぶちぬく渇望の矢になるということだ。まわりにどうみられるのか、どういわれるのかなんて関係ない。いつだってどこにいたって、なんにもないところから出発する。ゼロから思索し、ゼロから行動すること。それが自由だ。これからなにをするのか、しないのか、いっさいの将来が無限にひらかれている。大杉は、率直なひとなので、こういったことをやるのが超人なんだ、生の最高のよろこびをあじわうことなんだ、それはたのしくて、たのしくてしかたがないことなんだといっている。

生の最高の喜びは「俺はすっかり偉くなったんだぞ」

そうはいっても、じゃあそのどこがたのしいのか。そもそも生の最高のよろこびって、いったいなんなのだろうか。大杉は、ニーチェの『ツァラトゥストラ』にふれて、こんなふうにいっている。

「不慮の出来事というようなものは、もうわたしには起こらない。いまわたしになにか起こるとすれば、それはみんなわたし自身なのだ。」

とニーチェのツァラトゥストラはいった。そして、これによって、その個性の完成を世界に宣言したのであった。

これをもうすこしわかりやすくいえば、「俺はすっかり偉くなったんだぞ。俺はもう俺以外の何人もの、又何物もの、支配も世話もお陰もこうむらない。俺は俺だけの、なにもかもから独立した人間になったんだ。俺のすることは、また俺に起こることは、いっさい万事この俺が承知のうえで俺の力だけでやるんだ。俺は全知全能の神様なのだ。」とでもいうことになるだろう。

（大杉栄「生物学から観た個性の完成」『大杉栄全集 第4巻』ぱる出版、二〇一四年、二八五頁）

ここで、重要なのは「俺はすっかり偉くなったんだぞ」というせりふだ。オレすごい。ちょっとバカなんじゃないかとおもわれてしまうかもしれないが、でもよく考えてみてほしい。ほんとうのところ、ひとにとって、これほどたいせつな感覚はないのではないだろうか。なにより、自分がいいとおもっているのだから、それ以上にのぞむものなんてないだろう。だれの支配もうけることなく、まわりの評価なんて気にせずに、おもいきり好きなことをやって、それがうまくいったときの気分に酔いしれる。たぶん、これは子どもの成長をおもいうかべるとわかりやすい。

たとえば、ある小学生がなんどもなんども挑戦して、自転車にのれるようになったとする。むちゃくちゃうれしい。でも、それは親や友人にほめられたからではない。そうではなくて、自転車にのれるようになったこと自体がうれしいのである。これまで、駅前のコンビニにいくのに、徒歩で二〇分、三〇分かかったのに、これからはもう五分たらずでいくことができる。あるいは、これまで隣町にひっこした友人とは、いきわかれになったようなものだとおもっていたのに、意外とかんたんにあえることがわかった。なんだか、自分が自分じゃないみたいだ。ペダルをこげるようになったその足は、それまでの足とはぜんぜんちがう。まったくあたらしいものへと変化した。その力の成長がもううれしくて、うれしくてたまらないのだ。

もちろん、これは物のつかいかたをおぼえたときにかぎったはなしではない。ことばをつかえるようになったり、なにかスポーツをやって上達したり、友だちができて、いろんな遊びをおぼえたり、はたまた恋をしてみたりと、なんでもいいのだが、そのよろこびの根っこにあるのは、オレすごいということだ。あんなこともできるようになった、こんなこともできるようになったという、その変化に快感をかんじてしまうのだ。まわりのためにとか、他人に強制されてとか、なにかきまりごとがあってそうしなきゃいけないとか、そういうわけではない。自分の偉大さを自分で感じとる。ただ純粋に、生のよろこびをむさぼりつくしたい。そうおもったとき、ひとはなんにもしばられずに、ほんとうの意味で、自由になれる。きまりごとがないから、不慮のできごとも存在しない。すべては自分がのぞんだことだ。必然である、運命である。そんなふうにおもえることなら、なんどだってくりかえしていたい。もっとたくさん、もっとたのしく。夜空にむかってさけんでみる。「俺はすっかり偉くなったんだぞ」。そうだ、超人になりたい。

生の乱調をまきおこせ

でも、と大杉はいう。生の拡充は、途絶させられている。あばれようとするその力が、おさえこまれているのだ。征服の事実。これまでのふたつの章でふれたように、ひとにぎりの人間が、力を独占しようとしている。武力をもちいてひとを征服し、問答無用でいうことをきかせる。勝手にひとのことを奴隷あつかいして、ひとはこうやって生きるべきだとか、こうやって力をふるうべきだとか、自分にとって都合のよい価値尺度をおしつけてくる。したがわないやつらは、ひとでなしだと負い目をせおわせて。ぜんぶ、奴隷からうんとふんだくるためだ、収奪するためだ。ひどい。

被征服者の生の拡充はほとんど杜絶《とぜつ》せられた。かれらはほとんど自我を失った。かれらはただ征服者の意志と命令とによって動作する奴隷となった、器械となった。自己の生、自己の我の発展をとどめられた被征服者は、勢い堕落せざるをえない、腐敗せざるをえない。

（大杉栄「生の拡充」『大杉栄全集 第2巻』ぱる出版、二〇一四年、一二八頁）

ひとの命令にしたがって、奴隷として生かされる。生きのびさせられるわけだが、これにさからうとおもむろに鎮圧される。古代社会のはなしばかりではない。近代社会でも、奴隷の生にうたがいの目をむけはじめると、おもっていた以上に迫害されたりする。とつぜん会社をクビにされることもあるだろうし、幸徳秋水《こうとくしゅうすい》みたいにでっちあげで警察につかまり、クビをつるされてしまうこともあるだろうし、大杉みたいに軍隊にぶち殺されたりすることもあるだろう。おっかない。でも、身のまわりの人間たちが、そうやってむざんにやられたりしていれば、おそらく、だんだんとこうおもうようになっていく。ちくしょう、ムカつく、やりかえせ。

ここにおいてか、生が生きて行くためには、かの征服の事実にたいする憎悪が生ぜねばならぬ。憎悪がさらに反逆を生ぜねばならぬ。新生活の要求が起きねばならぬ。人の上に人の権威を戴かない、自我が自我を主宰する、自由生活の要求が起こらねばならぬ。はたして少数者のあいだにことに被征服者中の少数者のあいだに、この感情と、この思想と、この意志とが起こってきた。
われわれの生の執念深い要請を満足させる、唯一のもっとも有効なる活動として、まずかの征服の事実にたいする反逆があらわれた。またかの征服の事実から生ずる、そしてわれわれの生の拡充を障害する、いっさいの事柄にたいする破壊があらわれた。
そして生の拡充のなかに生の至上の美をみる僕は、この反逆とこの破壊とのなかにのみ、今日生の至上の美をみる。征服の事実がその頂上に達した今日においては、諧調はもはや美ではない。美はただ乱調にある。諧調は偽りである。真はただ乱調にある。

（前掲書、一三〇―一三一頁）

あれがしたい、これがしたい。でも、そのおもいがひとつの秩序のなかに囲いこまれ、まったく自由がききやしない。わがままをいっていたら、すぐにろくでなしのレッテルをはられ、血祭りにあげられてしまう。もうたえられない。憎悪だ、反逆だ、秩序紊乱《びんらん》だ。いまある秩序にぶつかって、それをだいなしにしてやりたいとおもう。生きたいとおもうその力が、権力に飼いならされて、諧調《かいちょう》なものになりさがっているのだとしたら、そんなものはいくら行使しても美しくないし、おもしろくもない。つらいだけだ。だったら、もういちどその力に乱調をまきおこし、あばれる力をむきだしにしよう。この社会に無数の亀裂をひきおこすのだ。秩序なんてぶちこわせ。美は乱調にあり。反逆、さいこう。破壊、たのしい。これはもうあばれるしかない。

生きたいとおもうこと。それは支配のための力をこばみ、その解体をはかる力でもある。いつだってなんだって、あばれて自在にうごこうとおもう。権力にたいする抵抗とか、そういうものではない。そういうネガティブなものではなくて、もっとポジティブなというか、権力によって囲いこまれるまえから、いつでもやっていることであり、いくら飼いならされようとなくなることがないものである。というか、際限なくわきあがってくる力がなければ、それを囲いこむことだって、うまく手なずけて収奪することだってできないだろう。だから、支配されることにムカついたら、日常生活でつちかっているその感覚を武器にしてたちあがればいい。いつだってゼロになって、オレはすごいんだとさけびあげよう。生の乱調をまきおこせ。わたしは自己の偉大さを宣言する。

『水滸伝』は暴力論の教科書だ

まだ、議論が抽象的すぎるかもしれない。わたしが大杉の暴力論について考えるとき、いつもおもいうかべるのが『水滸伝《すいこでん》』だ。(1) 竹中労《たけなかろう》の『黒旗水滸伝』ではない。(2) もちろん、これはこれで名著なのだが、いまはなしたいのは中国《ちゅうごく》の古典のほうだ。はじめにいいたいことをいっておくと、この本には、山賊と官軍、ゲリラ兵と正規兵のちがいが、ものすごくわかりやすく、しかもおもしろおかしくえがかれている。いってみれば、『水滸伝』は暴力論の教科書だ。せっかくなので、かんたんにものがたりのあらすじを紹介しておこう。舞台になっているのは一二世紀初頭、北宋《ほくそう》末期の中国だ。実在した山賊、宋江《そうこう》をモデルにして、架空のものがたりがつくられている。腐敗した朝廷にいやけがさして、山賊になった一〇八人の好漢たち。中国西南部、現在の山東《さんとう》省あたりにある湿地帯に逃げこんで、湖のほとりに砦《とりで》をきずいた。梁山泊《りょうざんぱく》だ。仁義にあつい宋江をかしらとして、朝廷に反旗をひるがえした。盃《さかずき》三杯、兄弟のちぎり。弱きをたすけ、強きをくじく。まあ、じっさいになにをやっていたのかというと、民衆をいじめるわるい政治家や金持ちをぶっ殺したりしていたのである。義賊だ。

もちろん、朝廷は梁山泊の討伐をくわだてた。でも、五度にわたって一〇万もの大軍をおくったものの、いちども勝てなかった。むしろ全滅させられたりしている。梁山泊の山賊たちがむやみやたらとつよいというのもあるのだが、なにより地の利をいかし、そこにそれぞれの特技をいかして敵を撃破してしまう。官軍は、沼にはまって馬の足をとめられてしまったり、水辺にたかくおいしげった草木のなかで、道にまよってうごけなくなってしまったり、陸路がつかえなくて、慣れない船をださざるをえなくなったりするのだが、そういうのに右往左往しているうちに、山賊たちがやってきて、ひょいとやられてしまう。しかも、その山賊というのが、湖をしりつくした漁師たちだったりして、何万もの水軍をワナにはめ、水中にもぐって船に穴をあけ、沈没させてしまったりするからまたおもしろい。だれもがふだんからやっていること、日常生活でつちかわれたその力が、官軍、つまり正規兵をたおす武器になるのである。だれにでもできる。

『水滸伝』というのは、そういう無敵の山賊たちのはなしなのだが、さいごはちょっとかなしい。当時、宋は弱体化していたということもあって、諸外国からねらわれ、攻めたてられていた。国内でもあちこちで反乱がおきて、梁山泊のように民衆のためになにかをするというのならいいのだが、そうではなくて、ひとにぎりの武装集団が、民衆を囲いこんで奴隷のようにあつかったりしている。国家のミニチュア版というか、もっとひどいことをやっているのだ。これはたすけなくてはいけない。仁義にあつい宋江が、朝廷にくだることを決意する。官軍となって賊をうちほろぼすのだ。でも、ここからの敵が超つよい。方蠟《ほうろう》という山賊一味とたたかってみたら、妖術《ようじゅつ》つかいやらなんやらがいっぱいいて、無敵だとおもっていた一〇八人がバシバシとやられてしまう。なんとかやっつけたものの、都にもどってきたときには、もう三〇人たらずだ。しかも、宋江はその功績がみとめられて出世したものの、悪徳官僚にはめられ、毒をもられて死んでしまう。梁山泊の山賊は、みな兄弟。宋江のあとをおって、おおくの兄弟が自殺していった。昇天だ。

飲めば飲むほどつよくなる

はなしの筋としては、だいたいそんなところだ。さいごはともかく、梁山泊の好漢一〇八人は、みんなめちゃくちゃカッコイイのだが、なかでもわたしがいちばん好きなのが、武松《ぶしょう》である。たぶん、梁山泊のなかでも最強だ。このひと、どういうひとかというと、拳法《けんぽう》の達人で、大酒飲みである。飲めば飲むほどつよくなる。酔拳《すいけん》だ。ジャッキー・チェンの映画で『酔拳』(一九七八年)というのがあるが、そのモデルになったひとでもある。もしかしたら、「武松のトラ退治」ということばだったら、きいたことあるぞというひともおおいのではないだろうか。とにもかくにも酔拳のはなしなので、ちょっとそのエピソードを紹介しておこう。

ある日、武松はひさびさに帰郷するために、峠をこえようとおもったが、小腹がすいていたため、入り口ちかくの居酒屋によってしまう。肉をくらい、酒を何杯も飲んだ。ベロベロだ。日も暮れてきたころ、武松はふらふらしながら山にはいろうとした。すると、居酒屋の主人が「夜はトラがでるからやめておけ、うちにとめてやるから」とひきとめてくれた。でも、武松はいうことなんてききやしない。「うるせえ、このやろう。オレをだまして、カネをまきあげるつもりだろう」といって制止をふりきり、そのまま山にはいってしまった。しばらくあるいていると、しげみのなかからカサコソと音がきこえてきた。なんだろう。みてみると、ものすごいいきおいでトラがおそいかかってきた。喰《く》いつこうとするが、武松はそれをひょいとかわす。またとびかかってきて、ツメをたててくるが、武松にはあたらない。さらにジャンプしてつっこんでくるが、やはりあたらない。ヘイヘイヘイといって、なんなくかわすのだ。なぜ、そんなことができるのか。それは、武松が酔っぱらっていたからだ。かれはベロベロになると、からだが柔らかくなって、どんな攻撃もあたらない。柔らかければ、すなわち無敵。トラの突進をなんどもかわし、つかれてきたころをみはからって、こんどは武松がトラに蹴《け》りをいれた。ウウッ。トラが意気消沈しているところを、すかさずくみついて首をしめた。グッタリしてうごかなくなったので、こんどはひたすらゲンコツをくれた。あたまをなんどもうちつけていると、ブシューッと血しぶきがあがり、気づいたらトラは死んでいた。ようするに、素手でトラをぶち殺したのである。すごすぎる。

その後、武松はトラ退治の英雄としてたたえられ、官職をえることもできた。地元にかえったときは、もう大騒ぎだ。お兄さんの武大《ぶだい》に再会し、いっしょに住んでしあわせにすごした。でも、ひょんなことから、お兄さんが嫁とその浮気相手に殺されてしまい、怒りくるった武松は、かたきうちに奔走する。ふたりの首をちょんぎって、近所の人たちのまえで雄叫《おたけ》びをあげた。兄ちゃん、やったよ。それで流刑になり、そのあともひともん着、ふたもん着あって、けっきょく山賊に身をとうじることになった。役人から逃げるときに修験者のかっこうをして、二刀流をふるうようになる。吉川英治《よしかわえいじ》の『宮本武蔵《みやもとむさし》』みたいだ。(3) これは冗談ではなくて、ほんとうに武松は、そういう武人伝みたいなやつのモデルになったのである。

しかし、そんな無敵の武松だが、梁山泊が朝廷にくだってからはパッとしない。いくさだから酒を飲んでいなかったというのもあるのかもしれないが、さきほどふれたように、宋江たちはさいごに官軍として方蠟一味とたたかう。このとき、武松は二本の刀をブンブンふって、敵の頭領とやりあった。もうちょいでやっつけるというそのときに、とおくのほうから、敵の妖術つかいがエイッといって剣をふった。ピカッと光って、カミナリがはなたれる。ビリビリ、ドーン。武松は一撃でやられてしまった。片腕がもげて、そのまま失神してしまう。一命はとりとめたものの、これじゃもうたたかえない。再起不能だ。その後、武松は仏門にはいり、おとなしく一生をおえる。なんだか、武松じゃないみたいだ。いちファンとしては、ちょっとがっかりである。むかしのやんちゃをしていたころだったら、ヘイヘイヘイといって、カミナリなんてひょいとかわしていたはずだ。なぜなら酒を飲んで、からだが柔らかくなっていたからである。武松のことを考えると、わたしなどはこうおもってしまう。官軍は死ね、山賊は生きろ。

道具は捨てろ、武器をとれ

このはなしがものがたっているのは、官軍と山賊のたたかいかたのちがいである。官軍というのは、いわば国家のためにはたらく兵隊のことだ。うごきかたとしては、奴隷とさしてかわらない。厳格な指揮系統のもと、上からいわれたことにしたがい、型どおりにうごくことがもとめられる。命令にたいする絶対服従だ。そうしなければ、敵にほろぼされるとか、みんなのめいわくになるとかいわれて。というか、したがわなければ、文字どおり斬り殺されるだろう。人間の行動に標準がさだめられ、刀のふりかたから、弓矢のうちかた、そしてこの合図でこうやってうごけというところまで、ああしたらこうしろというのが徹底的に訓練される。力のふるいかたが、ひとつの目的に方向づけられ、計算可能なものに還元される。あえてこういういいかたをしておこう。兵隊がもっている刀や弓矢は、ひとを殺すためのただの道具だ。たくさんの道具をもちいて、数をもって敵を制圧する。それが官軍の論理である。

これにたいして、山賊というか、武松みたいなゴロツキはなにをしでかすかわからない。敵とたたかうにしても、きまったとおりに刀をふるったり、弓矢をうったりなんてしないのだ。酒を飲んでベロベロになったとおもったら、とつぜんなぐりかかってきたり、刀を手にとったとおもったら二本もあって、それをブンブンふってきたりする。そりゃかなわない。官軍からすれば、野獣みたいなものだろう。酒を飲むとか、ふだんからやっていることがそのまま武器になったり、その場でこっちのほうがいいとおもったら、刀を二本もちはじめたりするのである。なにが武器になるのかわからない、どううごくのかもわからない。予測不可能なそのうごき、とらえようのないそのうごき。いくらたくさんの道具があったとしても、型どおりのやりかたじゃふせげやしない。

とりわけ、酒はその象徴みたいなものだ。たいていの場合、酒をうんと飲めば、まわりのことなんてどうでもよくなってしまう。ひとからこうおもわれたいとか、自分はこのくらいが限度だとおもうことがあったとしても、酔っぱらえばそんなのクソくらえだ。なんでもいえるし、なんでもできる、やばいたのしい、オレすごい。そんなふうにおもってしまう。まあ、だいたい翌日にはしこたま後悔するのであるが。大杉のことばにあわせていえば、生の乱調をひきおこすことだといえばいいだろうか。自分の力がおさえこまれているとおもったら、いちど空っぽになって、ゼロになって、おもいきり力を爆発させればいい。そうやって、みずからの力の成長をかんじとる。自己の偉大さを誇示するのだ。ゼロになること、匿名になるということは、敵に捕捉《ほそく》されない、予測できない存在になるということだ。それ自体が攻撃である。なにがいいたいのかというと、武松にとっての酒が、ゼロになるためのスイッチであり、武器であったということだ。酔えば酔うほどつよくなる。柔らかければ、すなわち無敵だ。

じゃあ、なんで官軍になってから、かんたんにやられてしまったのかというと、力がおさえこまれてふつうの兵隊みたいになってしまったからである。ほかの兵隊とくらべれば、ぜんぜんつよかったのかもしれないが、あいては方蠟一味、山賊のなかの山賊である。そいつらからすれば、官軍になった宋江たちのうごきは、型にはまったうごきかたにしかみえなかったにちがいない。あの武松ですら、とつぜん妖術つかいがカミナリをはなってくるとか、そんなうごきは予測できなかったのである。天下安寧のためとか、そんなたわごとはどうでもいい。たいせつなのは、なにをなすべきかではなく、いかになすべきかである。考えてみよう。いかにしてゼロになるか。道具は捨てろ、武器をとれ。

山賊の武器はイモだ

もしかしたら、『水滸伝』とか、架空のものがたりをつかって、いいかげんなことをいってんじゃねえよというひともいるかもしれない。なので、はっきりといっておけば、『水滸伝』にでてくる山賊たちは、現実の山賊がやっていたことをものすごくよく体現しているということだ。さいきん、ジェームズ・C・スコットの『ゾミア』という本をよんで、あまりのおもしろさに夢中になっていたのだが、ここでは古代中国を例にとって、そこから逃れていこうとする山賊のすがたがえがかれている。(4) 山賊といっても、とてもひろい概念でとらえられていて、ようは逃散《ちょうさん》農民のことをそうよんでいるのである。国家にとらえられて奴隷のようにはたらかされるのをイヤがり、そこから逃げだしていく。追手をかわすために、中国南部や東南アジアの湿地帯、もしくは山岳地帯にもぐりこんでいく。そこで生活する人びとが、やがて山賊とよばれていくのであり、かれらが住む一帯のことをゾミアとよぶのである。

この本のおもしろいところは、国家がやっていることと対比して、逃散農民の武器がえがかれていることだ。古代中国にかぎったことではないとおもうが、国家は軍隊をつかって農民を囲いこみ、ムリやりはたらかせて、めいっぱい収奪しようとする。そのために、いちばん都合がよかったのが水田稲作だ。ひとたび農民を定住させてしまえば、収穫高はものすごくよいし、ひとつの場所にたかだかとはえている黄金の稲穂は、そのとれだかを把握しやすい。これ、農民からすればたまったものではなくて、農作業は灌漑《かんがい》事業やらなにやら、やたらとテマヒマがかかってたいへんだし、たとえ不作のときであったとしても、とれだかをちょろまかすこともできやしない。国家によくて、農民にわるい。苦役だ。こりゃもう、スキだかクワだかしらないが、そんなものほうりなげて逃げだすしかない。道具を捨てて、ズラかろう。むろん、国家は追手をさしむけてつかまえようとするだろう。でも、だからこそ追手、つまり軍隊からいかにして逃れるのかが、逃散農民たちの最大の関心事だったわけである。

じゃあどうしたのかというと、まず農民たちは、国家がまだ地理を把握していない湿地帯や山岳地帯に逃げこんだ。そして、ひとつの場所には定住せずに、各地を転々とする移住生活をえらんだ。そういった生活をするために、いちばんいいのが焼畑農業だ。焼畑は、水田みたいにテマもヒマもかからない。草木を刈りとり、火をはなてば肥料たっぷりの畑ができ、あとはそこに種をまけばいいだけだ。さらにすごいのは、農民たちがなにを植えるのかにあたって、ほうっておけばそだっていて、しかも国家の追手にみつかりにくい根菜類をえらんだということだ。具体的には、イモである。地中ふかくにねむっているイモは、稲穂のように国家にみつけられない。どこにうまっているかわからない。せっかくつくったものを、ひとに収奪されるなんてまっぴらだ。自分の食いぶちは自分でつくる。いや、もっと正直になってもいいのかもしれない。はたらかないで、たらふく食べたい。イモをくらえ。

ちょっと説明がながくなってしまったが、ようするに山賊の武器はイモだということだ。国家のために水田稲作に従事させられるのは、ひとの力が一方向におさえつけられているにひとしい。苦役だ、奴隷労働だ。では、どうしたらいいかというと、逃げるしかない。でも、追手がやってくる。じゃあじゃあということで、つかった武器がイモである。イモによって、農民は国家にはみえない存在になった。ゼロになった、匿名になったのである。そうして、おさえこまれていた力を爆発させる。楽してうまいものを食べて、愛するひととのんびりすごしたり、仲間と酒をくみかわし、歌いおどってすごしたり、好きなことをまなんでみたり、好きな神さまを信仰してみたりする。なにをいったっていい、なにをやったっていい。軍隊がやってきて、そんな生活をおかそうとするならば、また逃げだしてイモを植えたっていいし、こんどは武装してヤッツケたっていい。ぶち殺せ。農民の手には、焼畑で草木を刈りとるための鉄斧《てつおの》があるし、火をつかうのにも手なれたものだ。自分のことは自分でやる。それができると実感する。オレすごい。ここまでいけば、もうりっぱな山賊だ。イモ好きの山賊たちが、生の乱調をまきおこしている。こりゃうめえ。

「自我の皮を、棄脱して行かなくてはならぬ」

さて、山賊のはなしがながすぎてもなんなので、そろそろ大杉のはなしにもどしたいとおもう。ただ、いいたかったのは、ひとにとって武器をもつということが、なによりたいせつなことだということだ。権力によって捕獲されない存在になる。そうして、やりたいことをやるのである。しかも、その武器は日常的につちかわれているというのが特徴だ。つちかわれてきたといっても、そんなたいそうなものではなく、酒にしてもイモにしても、べつに権力にさからうために飲み食いしていたわけではなくて、ただうまいからそうしていただけだろう。それがひょんなことから、やむをえず武器としてもちいることになり、敵をうちのめしたのだ。逆に、おなじものを意識してつかおうとおもっても、ただひとを殺すための道具になってしまい、大失敗ということもある。道具を手ばなすこと、道具をもってしまう自分を捨てさること。ひとはわれしらず決起するのであり、それが武器を手にするということである。大杉も、おなじようなことをいっている。

兵隊のあとについて歩いていく。ひとりでに足並みが兵隊のそれとそろう。
兵隊の足並みは、もとよりそれ自身無意識的なのであるが、われわれの足並みをそれとそろわすように強制する。それに逆らうにはほとんど不断の努力を要する。しかもこの努力がやがては馬鹿馬鹿しい無駄骨折りのようにおもえてくる。そしてついにわれわれは、強制された足並みを、自分の本来の足並みだとおもうようになる。

われわれが自分の自我――自分の思想、感情、もしくは本能――だとおもっている大部分は、実にとんでもない他人の自我である。他人が無意識的にもしくは意識的に、われわれの上に強制した他人の自我である。

百合の皮をむく。むいてもむいても皮がある。ついに最後の皮をむくと百合そのものは何にもなくなる。

われわれもまた、われわれの自我の皮を、棄脱して行かなくてはならぬ。ついにわれわれの自我そのものの何にもなくなるまで、その皮を一枚一枚棄脱して行かなくてはならぬ。このゼロに達したときに、そしてそこからさらに新しく出発したときに、はじめてわれわれの自我は、皮でない実ばかりの本当の生長を遂げていく。

（大杉栄「自我の棄脱」『大杉栄全集 第3巻』ぱる出版、二〇一四年、一二八頁）

これは「自我の棄脱」という文章の一節である。わたしたちは、しらずしらずのうちに奴隷の生を強制されている。生きのびさせられている。労働者として生きる。消費者として生きる。夫として、妻として生きる。資本家として、聖職者として、教員として、学生として、男性として、女性として、なんでもいいのだが、そういうアイデンティティみたいなものをせおわされている。大杉は、これを「自我の皮」とよんでいるが、いってみれば、社会の構成員であるための仮面をかぶせられているのだ。ほんらい、ひとは自分の力をどのようにつかってもいいはずであるが、そこにこうやってつかうべきだという社会の価値尺度がはいりこむ。たとえば、労働者や消費者という仮面をかぶったら、はたらかざるもの食うべからず、はたらいたカネで生活すべきだとおもいこまされる。ほんとうは、小金でもかせいで、あとは家でゴロゴロするか、あいている場所をつかって野菜でも自給自足し、近所の人たちとわけあうくらいがいいとおもうのだが、そういうことをするのはひととしておかしい、ろくでなしだと非難されることになる。さいしょはカネをかせぐためにはしかたがないと、しぶしぶやっていたのかもしれないが、まわりがみんなそうやっているのをみていると、それがあたりまえなんだ、そうしないのがおかしいことなんだとおもうようになってしまう。足なみをそろえてあるく兵隊みたいだ。

永遠のゼロをつかめ

もうすこし補足していうと、かつては水田稲作のためにスキやクワをもってはたらくことが農民である、そうしないのは野蛮人だ、山賊だといわれていた。これとおなじように、いまでは工場の機械設備でもいいし、会社のパソコンでもいいのだが、そういう道具をつかいこなせるのが、労働者であるといわれるようになっている。ひとに仮面をかぶせる装置みたいなものだ。力をふりしぼって道具をつかえばつかうほど、人間の生はすり減らされていく。力がひとつの方向に限定されていく。寄り道することもゆるされない。足なみをそろえて、だまってあるけ。いやだ、いやだ。

じゃあじゃあということで、大杉がいったのは「自我の皮」をむけということであった。「百合《ゆり》の皮をむく。むいてもむいても皮がある。ついに最後の皮をむくと百合そのものはなんにもなくなる」。そこまで、むいてむいてむきまくれということだ。労働者でも消費者でも、夫でも妻でも、だれもがにぎらされているその道具をかなぐり捨てろということだといえばわかりやすいだろうか。もちろん、いちど捨てたくらいじゃ、ぜんぜんダメだ。こんな仕事はクソくらえ、やりたいことをやっていくんだとおもって、おもいきって会社をやめたとしても、いざやりたいことを仕事にしてみたら、生活のためにはすこしでもかせがなきゃとおもうようになり、そこからだんだんとカネをかせぐことがだいじになって、けっきょくやりたいことが二の次になってしまったということもあるだろう。むしろ、そのほうがおおいのだとおもう。

あるいは、イヤイヤお見合い結婚をさせられて、どうしてもたえきれなくなった妻が、家をかなぐり捨てて逃げだしたとする。親類からも友人からも、メタメタに非難されたが、それを必死にこらえて、それでも好きなひとと結婚したとする。自由恋愛だ。でも、いざそうなってみたら、けっきょく家というものにのみこまれて、妻として、良妻賢母として生きざるをえなくなったりする。いぜんとかわらないか、もしかしたら自分でえらんだぶん、もっとそうしなきゃというプレッシャーがつよくなるかもしれない。このはなしは、伊藤野枝《いとうのえ》が自分の体験談こみで、けっこうくわしく論じているので、次章でもういちどとりあげてみたいとおもう。

ともあれ、いちどおぼえこまされた道具は、捨てても、捨てても、この手にまとわりついてくる。でもそれでもなおと、めげずに捨てつづけていると、ふとした瞬間に自分の手にはなんにもなくなっていることに気づかされる。どうでもよくなっているのだ、肩書きなんて、社会人としての仮面なんて。ぜんぶやめてしまえばいい。むしろ音楽をやるんでもいいし、文章をかくんでも、恋をするんでもいいが、純粋にやりたいことだけをやって、それができたということに、自分の力のたかまりをかんじとる。自我のほんとうの成長だ。きっと、そのときだれもがなにかしらの武器をもっている。しかも、ふだんからただおもしろいとおもって、手にとっているものがそうなのである。ひとによってまちまちだとおもうが、たとえば、音楽をやるひとであれば、その手にとったギターが武器なのかもしれない。うまいヘタではない、素人でもいい。ほんきでギターをかきならし、音をなりひびかせた瞬間に、その身も心もゼロになっている。あらためてかんじるのだ。オレはすっかり偉くなったんだぞ。

ひとたびこの快感をあじわったら、もうだれもがやみつきだ。なんどでも、なんどでも。いつだってあたらしい出発点にたちたいとおもう。右翼に簒奪《さんだつ》されたこのことばをあえてつかっておきたいとおもう。永遠のゼロをつかめ。

労働者は古代国家の奴隷とかわりない

もうすこし、大杉が具体的にどういう問題にとりくんでいたのかをみておこう。大逆事件後、大杉が『近代思想《きんだいしそう》』という雑誌をたちあげたことはすでに述べた。国家にさからった人たちが、まるでみせしめのように血祭りにあげられた。やりたいことはやってはいけない、いいたいことはいってはいけない。奴隷の生をいきたいとおもえ。およそ世間というものが、そんな雰囲気につつまれていたときに、大杉がかいたのが「奴隷根性論」「征服の事実」、そして「生の拡充」であった。おしだまらされている言論界にたいして、おまえら奴隷か、おれはやりたいことだけをやっていきたい、おれはすごい、おれは偉いんだといいはじめたのである。大杉栄は、空気をよまない。

わきあがってくるみずからの力を、おもうぞんぶんあばれさせよう。その力が囲いこまれて、「自我の皮」をかぶせられているならば、バリバリとひきはいでゼロになってやりなおそう。力はあばれゆくものだ。そんなことをいうとき、大杉が意識していたのは労働運動であり、とりわけストライキであった。一九一〇年代というのは、ちょうど工業化の波がいっきにおしよせていたころである。ひとの生活のありかたが目にみえてかわっていく。それまでは農業をやるひとがおおくて、あるていどは自給自足できるとか、都市で生活していても、江戸《えど》時代的な職人のはたらきかたがのこっていて、カネがなくなったり、調子がいいときにはうんとはたらくし、そうじゃなければぜんぜんはたらかないとか、そういうのがあたりまえのことであった。でも、だんだんと工場ではたらくひとがおおくなり、毎日、朝から晩まをおなじ時間だけはたらき、はたらいたぶんだけカネをもらって、それで物を買って食べていくというのがあたりまえになりつつあった。いわゆる資本主義の生活様式が普及しはじめていたのである。

そんなこんなで、大杉はストライキについてかきはじめた。やれ、はたらかざるもの食うべからずだとか、給料をはらっているのだから、そのぶんまじめにはたらけだとか、ちょっとくらいしんどくても、成果をあげれば賞与をだすのだから、もっとはたらけだとか、資本家はそんなことばかりいってくるが、おまえらふざけんじゃねえぞと。労働力商品だの、対価にみあった報酬をやるだのといっているが、ようするに人間の活動を計測可能なものとし、物としてあつかうようになっただけのことじゃないか。工場では、資本家の命令に絶対服従であり、したがわなければクビである。つかいものにならない物とみなされ、捨てられるのだ。むろん、がんばってはたらいていれば、たまに資本家がほめてくれる。褒美だ、賞与だ。わーい、うれしい、はたらこう。労働者は、すすんで資本家にしたがうようになってしまう。これ、なんなのかというと、古代国家の奴隷とかわりないということだ。工場ではたらくということは、奴隷になるのとおなじことだ。やめなくちゃいけない。

しかも、なおさらたちがわるいのは、わたしは労働者の味方だとかいっている連中が、労働は神聖であるとか、労働者であることにほこりをもてとかいっていることだ。なにをいっているのだろう、奴隷であるということに、ほこりもへったくれもあるはずないのに。一九一二年八月、鈴木文治《すずきぶんじ》が友愛会《ゆうあいかい》という労働団体をたちあげ、その傘のしたに全国の労働組合がぞくぞくとあつまりはじめていた。ちょっとイメージしづらいかもしれないが、友愛会というのは、いまでいう日本労働組合総連合会《にほんろうどうくみあいそうれんごうかい》（連合）みたいなもの、つまり労働組合の全国組織であり、ナショナルセンターであると考えてもらえばいいだろう。じっさい、その起源にあたる。

工場の山賊たち

友愛会は、いまの連合とおなじように労資協調をかかげ、労働者はいたずらに資本家とケンカをしてはいけません、まずはちゃんとはたらきましょう、そのかわりに労働にみあった賃金をちゃんともらいましょう、そのための交渉ならちゃんとしますよとうったえかけていた。友愛会は、一九一九年には大日本労働総同盟友愛会《だいにほんろうどうそうどうめいゆうあいかい》に、一九二一年には日本労働総同盟《にほんろうどうそうどうめい》に名称をかえ、その立場も階級闘争をかかげるようになっているが、その根底にあるものはかわっていない。はたらきにみあった賃金をよこせ、さもなければストライキでもなんでも、物的圧力をかけるぞということである。資本家にはたらきかける手段が、交渉から圧力にかわっただけのことだ。つよい奴隷か、それともよわい奴隷か。いずれにしても奴隷万歳だ。

　だから、大杉は資本家がいっていることにも、いわゆる労働運動家がいっていることにも、どちらにもケチをつけた。いま労働者がやるべきことはみずからの奴隷状態から脱することじゃないか、それは労働者という「自我の皮」をぬぎ捨てるということだ、労働者であることなんてやめてしまえ、あばれたっていい、なにをしたっていい、あらゆる手をつくして、自分は奴隷じゃない、偉いんだということをしめしてやれ、それをさまたげる連中がいるならば、資本家でも警察でもヤクザでも左翼でも右翼でもかまわない、まずはそいつらからたたきのめすんだ、ヤッツケロと。だいたい、そんなことをいっていたわけだが、じゃあ、その大杉のストライキ論はどういうものだったのかというと、かれはこう述べている。

　ここに一ストライキが起こるとする。僕はこのストライキをもって、ベルグソンのいわゆる「われわれがある重大な決心をなすべく選んだわれわれの生涯の一瞬間、その類において唯一なる瞬間」としたいのだ。平凡なストライキではない。安閑としてただ腕組ばかりしているストライキではない。ほんとうに労働者が重大な決心を要するストライキだ。

（大杉栄「正気の狂人」『大杉栄全集 第2巻』ぱる出版、二〇一四年、二〇三―二〇四頁）

ストライキとはなにか。それは労働者が身を捨ててたちあがるということだ。たちあがったきっかけは、賃上げのためだったかもしれないし、クビ切り反対だったかもしれない。でも、こりゃひどいとおもって、工場の生産活動をとめようとし、ジャマするやつらとなぐりあい、とっくみあいのケンカをし、メチャメチャになってあばれまくっているうちに、当初の目的はどうでもよくなっている。一分、一秒でもいい。工場をとめてみたい。それができたら死んでもいい。その一瞬に、自分の人生のすべてを賭《か》ける。もしかしたら、そのせいでクビになってしまい、なにもかもうしなってしまうかもしれない。でも、その凝縮された永遠の一瞬をつくりだすことによって、だれもがこうおもうようになっていく。自分の人生は、もう他人によってきめられた人生なんかじゃない。自分のことは自分でやる。というか、やることができた。まわりに左右されることのない自我の力が、バンバンとひろがっていくのをかんじる。

もしすべての労働者が、かくのごとき極力的戦闘をすることを拒み、またかくのごとき生の最高の山頂に攀《よじ》登ることを拒むならば、労働者は永遠の奴隷である。生の最高潮に上りつめた瞬間のわれわれは価値の創造者である、一種の超人である。僕はこの超人の気持ちが味わいたいのだ。そして自らこの瞬間的超人を経験する度数の重なるにしたがって、一歩一歩、この種の真の超人となる資格がえたいのだ。

（前掲書、二〇四頁）

さきほどの『ゾミア』のはなしでいえば、労働者がストライキをうつということは、農民が山賊になることとおなじことだ。国王だか、領主だか、資本家だかしらないが、他人に囲いこまれて生きのびるのはもういやだ。なにもかもふり捨てて、山から山へと走って逃げる。追手がくるならば、もっとたかくもっとたかくと、のぼって逃げる。永遠の奴隷として生きるくらいなら、一瞬でもいい、超人になってくたばったほうがまだましだ。工場の山賊たちが、生の最高の山頂によじのぼっている。たかい、たかい、たかい。

職人に労働者の仮面がかぶせられる

しかしこれだけだと、やれ超人だの、やれ生の山頂だのと、大杉がテンションをあげて、ハネあがったことをかいてしまっただけなんじゃないのかといわれてしまうかもしれない。だいたい、そんなことやるやつがいるのかよと。なので、ちゃんといっておきたいとおもう。たくさんいたんだよと。一九一四年くらいから、大杉は雑誌に文章をかけども発禁処分となり、おもうようにひとにおもっていることをつたえられなくなっていたが、それでも定期的に労働運動の勉強会や講演会をひらいていた。それをくりかえしているうちに、しだいに大杉のまわりには、かれとおなじようにプラプラしていて、ろくにはたらきもしない若者たちはもちろんのこと、その思想に共鳴するわかい労働者たちがあつまるようになっていた。とりわけ印刷労働者がおおく、かれらはまたたくまに信友会《しんゆうかい》、正進会《せいしんかい》といった印刷工組合のリーダーになっていった。一九一七、八年にもなると、ストライキにむけてうごきはじめる。大杉も、かれらと歩調をあわせるかのように、一九一九年、『労働運動《ろうどううんどう》』という雑誌をたちあげ、いま目のまえでおこっている労働運動のうごきを論じるようになっていった。

じゃあ、なんで大杉のとりまきには、印刷労働者がおおかったのかというと、それはかれらが職人的なはたらきかたをしていたからだ。印刷産業というのは、ほかとくらべて、あまり機械化がすすまなかったといわれていて、とくに組版作業はそのおおくが手作業であった。いまでこそ、コンピュータをつかったDTPが一般的になっているが、戦後のあるていどの時期までは、活版印刷といって手で活字を植えこみ、そのくみあわせで版をつくるところがおおかった。植字をする人たちは、和文にせよ、欧文にせよ、とにかく文字が読めなくてはいけないし、作業方法もスピードもリズムもひとによってぜんぜんちがう。江戸時代の職人というのもそうだったというが、いつもダラダラしていて、こいつなんにもしねぇぞとおもっていたら、納期まぢかになって、とつぜんやる気をだし、いっきに仕事をかたづけてしまったりする。それがもともとふつうのはたらきかただったのだ。腕のいいものは、いろんな会社にひっぱりだこで、腕一本でわたりあるき、歳をとったら独立して、自分で印刷所をたちあげたりする。いわゆる渡り職人だ。

そういうところに、工業化の波がおしよせてきて、労働者だったらこうやってはたらけというのがはいってくる。その最たるものが、テーラー主義という科学的労務管理法だ。あるていど機械化がすすんだ工場で、生産性を最大化するためには、作業を標準化して、みんながマニュアルどおりにうごくようにしなくてはならない。そんなことがいわれはじめ、そして時代のトレンドといわんばかりに、印刷産業でもおなじことがいわれるようになった。職人たちに、労働者という仮面がかぶせられる。その瞬間から、それまで尊敬のまなざしでみられていた職人たちが、侮蔑《ぶべつ》の対象になってしまった。そりゃそうだ、標準的な労働者のはたらきかたからすれば、職人というのはサボっているようにしかみえないのだから。

わたしは職人でもなんでもないが、それでもちょっと調子がわるかったり、めんどうくさかったりしたら、仕事なんてサボるのがあたりまえじゃないかとおもってしまうし、きっと当時の印刷労働者もそうおもっていたのだろう。しかし、とつぜん社会全体から、おまえらのはたらきかたはダメなんだとかいわれてしまう。たんてきにムカつくし、自分がここちよいとおもっていたふるまいが禁止されて、なんだか身も心もしばりつけられてしまうような気持ちになってしまう。ふりはらいたい。

ここまでで、だいたいはなしがみえたんじゃないかとおもう。つまり、印刷労働者たちは、大杉のいっていることがピンポイントでわかったのである。それまでは、自分の腕をふるうときには、自分の心にしたがっていればよかったのに、それはよくないことだといわれてしまう。他人によってきめられた生をいきなくてはならなくなった。気分がわるい。じゃあ、どうしたらいいかというと、かんたんだ。気分がよくなることをすればいいのである。ストライキ。いちおう賃金がどうこうだとか、労働時間の短縮だとか、そういった物的要求もかかげている。でもほんとうのところ、それがかちとれるかどうかはどうでもよい。ストライキをおこすこと自体に意味があった。

ケンカ上等のストライキ

信友会、正進会のストライキは、けっこうはげしい。ストライキをやるといったら、なにがなんでも生産をとめる。こちらのいうことをきかずに、なおもはたらこうとする連中がいるならば、もうムリにでもとめるしかない。これは有名なはなしなのだが、一九二〇年のストライキのさい、正進会のわかい労働者たちはいきりたって作業部屋になぐりこみ、うりゃーといって、植字台をバンバンひっくりかえしていったという。仕事はぜんぶだいなしだ。好《よ》し。おなじ組合員でも、同僚でも上司でも、それをジャマするやつらがいたら、これはもうゲンコツをくれてやるしかない。ケンカ上等だ。じっさい、このとき正進会の組合員は、会社が雇ったゴロツキととっくみあいのケンカになり、大乱闘の末に勝利をおさめたそうだ。そのあと、おもだった組合員は、警察に逮捕されてしまったので、負けたといったほうがいいのかもしれないが、まあ、いたみわけだ。

ちなみに、この印刷労働者たちのストライキは、その後もだいたいおなじようなものであった。ほんの一瞬でも生産をとめられるのだったら、なんだってやる。そういう姿勢がつらぬかれていた。たとえば、これしかもう手がないとおもったら、会社に火をつけてみるとか、うまくとめきれなくて印刷物を刷られてしまったら、「うん、しかたがない」といって、できあがったものを一枚一枚、やぶり捨ててみたりとか、どうせさいごは警官をよばれてしょっぴかれるのだからということで、二手にわかれ、警官が派出所からでてくるのをまちぶせしておいて、でてきたら大勢でつかまえて川に放りこんでみたりとか、そういうことをやっていたようだ。もちろん、これをやったことでどうなるのかは目にみえている。逮捕だ、クビだ、文なしだ。でも、それでも、かれらにはつかみとったものがある。大杉のことばをひいておこう。

僕はたいがいの資本家および労働者とともに、ストライキは喧嘩だと感じている。資本家の人格を損《そこな》おうとする労働者と、労働者の人格を圧《おさ》えようとする資本家との喧嘩だと感じている。資本家の人格とは専制人である。労働者の人格とは自主自治人である。

僕はまたたいがいの労働者とともに、この喧嘩が物質上の利益を得させると同時に人格上の満足をもあたえる最後の手段だと感じている。ときどきは、物質上の利害はともかくとして、一種の人格上の満足、すなわち意地のための喧嘩だと感じている。

負けることはよく負ける。しかし幾度負けてもその喧嘩のあいだに感じた愉快さは忘れることができない。意地をはってみた愉快さだ。自分の力を試してみた愉快さだ。仲間のあいだの本当に仲間らしい感情の発露をみた愉快さだ。いろんな世間の奴らの敵と味方とがはっきりして世間がみえてくる愉快さだ。そしてまた、そういったいろんな愉快さの上に、自分等の将来、社会の将来がだんだんとほのみえてくる愉快さだ。自分等の人格の向上するのをみる愉快さだ。

（大杉栄「労働運動理論家 賀川豊彦論・続」『大杉栄全集 第5巻』ぱる出版、二〇一四年、二二五頁）

ケンカだ、愉快だ、気分がよい。これ、バカっぽいが、重要なことだ。植字台という仕事道具をぶちこわしてみる。会社の上司やゴロツキども、そして警官をぶんなぐってみる。火をつけて、会社ごとなくなればいいのにとおもってみる。ストライキとはケンカであり、ケンカとは意地のはりあいだ、したがわないということだ。会社からこうやってはたらくのが労働者だといわれて、ああしろ、こうしろと命令されても、気分がわるくてしかたがない。いうことなんてきくもんか。みずからの労働者性をふり捨てよう。クビになったっていい、一瞬でもいいから、いつも命令ばかりしてくる連中をだまらせてやりたい。仕事道具を、いや会社そのものをだいなしにしてやりたい。とつぜん部下になぐられたときの上司の顔をみてみよう。仕事道具が壊されたときの会社人間の顔をみてみよう。会社に火がはなたれたときの資本家の顔をみてみよう。愉快だ。ケンカには負ける、たいていは負ける。でも、そうすることによって、自分は奴隷じゃないとかんじとる。自分のこの手は、仕事のための道具ではない。悪人をうちのめすための武器であり、仕事からの解放をかちとるための武器である。いざとなったら、独立したっていい。自分のことは自分でする。ストライキとは、そういう自主自治人としての生をつかみとる行為なのである。こりゃ、気分がよい。

みんな勝手に踊ればいい

もしかしたら、こういう大杉のことばをきいて、ふざけんなとおもうひともいるかもしれない。とくに社会問題に関心があるひとほど、ドンびきしてしまうのではないだろうか。こういわれてしまうことだろう。ちょっと、大杉たちはあまりにひとりよがりなんじゃないか、わるいやつらをぶんなぐって愉快だ、気持ちいいだなんて、そんなのただの自己満足じゃないか。いちどはねあがって、それでおわってしまうような運動だったら、やっても意味がないじゃないかと。労働問題というのは、社会全体にかかわるおおきな問題である。だから、もっとはばひろく社会にうったえかけていかなくてはならない。まずは、みずからの貧しい境遇をあたりまえだとおもいこんでいる無知な労働者にうったえかけて、目をさましてやろう。気持ちよくなくてもいい、つらくてもいい、地道にはたらきかけて、よりおおくの労働者を組織化していこう。そうやって、ちょっとずつ労働組合の規模拡大をはかっていくことが、社会変革につながるんじゃないか。そんなふうにいうひとがおおいのではないだろうか。

もちろん、大杉にしても、ストライキでもなんでもおおくのひとが運動にかかわることに異論はない。おおいに賛成であり、そうなるように努力するべきだと考えている。でも、そこからなにをしたいのかが根本的にちがう。大杉にとって、どこそこの団体の組織化だとか、規模拡大だとか、そういうのはどうでもいいことであった。むしろ、それこそが悪の元凶であり、たたかなくてはならない対象だったのである。

> 元来世間には、警察官と同じ職務、同じ心理をもっている人間が、実に多い。
> たとえば演説会で、ヒヤヒヤの連呼や拍手かっさいのしつづけは喜んで聞いているが、少しでもノウノウとか簡単とか言えば、すぐ警察官と一緒になって、つまみだせとか殴れとかほざきだす。なんでも音頭取りの音頭につれて、みんなが踊ってさえいれば、それで満足なんだ。そして自分は、何々委員とかいう名をもらって、赤い布片《きれ》でも腕にまきつければ、それでいっぱしの犬にでもなった気で得意でいるんだ。

奴等の言う正義とはなんだ。自由とは何だ。これはただ、音頭取りとその犬とを変えるだけのことだ。

（前掲書、一九八頁、大杉栄「新秩序の創造」）

わたしなどは、この文章をよむと、「はじめに」でかいた官邸前デモの主催者をおもいうかべてしまうのだが、まあ一〇〇年くらいおなじことがおこっているということだろう。たとえ、その労働組合がどんなに高尚な理想をかかげていたとしても、その内部に、主人と奴隷の関係をつくってしまったら意味のないことだ。ちゃんと労働者の待遇改善をうったえかけていたとしても、いちばんなくさなきゃいけないはずの秩序が、再生産されてしまうのである。これまで資本家のいっていることがただしい、それにしたがって生きろといわれてきたが、こんどは労働組合の指導者がいっていることがただしい、それにしたがえといわれるようになった。それがだれであれ、とにかく音頭取りの音頭にしたがって踊れということだ。それにしたがわない連中がでてきたら、赤い腕章をした犬どもがとりしまってくる。犬だ、警察だ。大杉は、労働組合の演説会を例にとっているが、そのなかに秩序が再生産されてしまっていることをみてとったのであった。音頭取りと犬をとりかえただけではダメだ、その存在自体がいらないんだと。

それを行動でしめすかのように、一九一九年から二〇年にかけて、大杉は勉強会に足をはこんでくれたわかい衆をひきつれて、演説会もらいというのをやっていた。これは友愛会系の労働組合が演説会をひらいたら、そこにのりこんでいっておもいきり野次をとばし、さいごには壇上にのぼって、自分が演説してしまうというものだ。とうぜん、主催者や警官につまみだされそうになるのだが、そこでわめきちらしておおいにモメる。すると、さいしょは大杉たちのことを「うるせえ」といってなじっていた聴衆たちが、権力にたいする日ごろのうっぷんをあらわにし、「警官帰れ」とさけぶようになる。怒号のようなさけび声のなかで、大杉は壇上にあがってしゃべることもあれば、やっぱりダメでいよいよ警察にもっていかれるというときには、舞台俳優みたいなそぶりをして、「車がこなけりゃ、オレはいかねえよ」といって、壇上にすわりこみ、会場をドッとわかせたりしたこともあったそうだ。まあ、やんちゃをしていたのである。もちろん、なにも考えずに、そんなことをやっていたわけではない。そこには大杉なりの思想が賭けられていた。

僕等は今の音頭取りだけが嫌いなのじゃない。今のその犬だけが厭なのじゃない。音頭取りそのもの、犬そのものが厭なんだ。そしていっさいそんなものはなしに、みんなが勝手に踊って行きたいんだ。そしてみんなのその勝手が、ひとりでに、うまく調和するようになりたいんだ。

それにはやはり、なによりもまず、いつでもまたどこでも、みんなが勝手に踊るけいこをしなくちゃならない。むづかしく言えば、自由発意と自由合意とのけいこだ。

この発意と合意との自由のない所になんの自由がある。なんの正義がある。

（前掲書、一九八頁）


ようするに、音頭取りにつられて踊るのは、もうやめにしようということだ。会社でも労働組合でも、おまえはこうやってうごくべきだとか、一方的に命令されるのはもういやだ。それをしめすために、壇上にいるえらそうな労働運動家にいちゃもんをつけてみよう。くたばれ、くたばれ。それをやめさせようとする犬がいるならば、とりあえずつきとばしてケンカをしよう。犬は、うたねばならない。壇上にあがってもよし、あがらなくてもよし、好きなことをジャンジャンさけぶ。好きに、勝手に踊るんだ。それを行動でしめすことによって、まわりの人たちにもさわいでいいんだよとつたえていく。

共鳴、あるいは共振作用とでもいえばいいだろうか。われしらず踊っているその解放感は、しぜんとまわりのひとの心にも火をともしてしまう。愉快だ、愉快だ。気づけば、みんなが勝手に踊りだす。まるで酒宴でもひらいているかのようだ。大杉は、ひとがいっぱいあつまっているところにでかけていくのが好きであったが、それは組織化とか、動員のためではない。酔っぱらいたちの共振作用を、もっともっとひきおこしていきたい、そういうおもいがあったのである。たぶん、大杉本人がいちばんわかっていたように、自由というものはいちど味をしめてしまったら、もうわすれられない。やみつきだ。もう一杯、もう一杯。貪欲《どんよく》な酔っぱらいたちが、夜な夜な、群れをなして街を徘徊《はいかい》している。泥酔、上等。街中、ゲロまみれ。それはしかたのないことであった。

米騒動を見る、煽る

跳ねばはね、踊らばおどれ。酔っぱらってあばれてしまえ。暴力の火の粉が飛び火していく。大杉はそんなふうにいっているのだが、しかしかれのこの暴力のイメージは、いったいどこからでてきたのだろうか。それは大杉が幼少期からつちかってきたものだともいえるだろうし、アナキストになって警官とケンカをしまくった結果としてみにつけたものだともいえるだろうし、いろいろと海外の思想をまなんで、みずからのストライキ論をみがきあげた結果だともいえるだろう。きっと、どれもまちがっていないとおもうのだが、わたしは大杉が、暴力のイメージをかんぜんにつかんだのは、一九一八年の米騒動のときだったとおもっている。

この年の七月から八月にかけて、米価高騰をきっかけとして、未曾有《みぞう》の大暴動がまきおこった。参加者の数は、延べ一〇〇〇万人。日本史上最大の暴動である。このとき、東京にいたアナキストや社会主義者、労働運動家のたぐいは、おおくが予防拘禁されているのだが、大杉はたまたま大阪《おおさか》に遊びにいっていて、ぞんぶんに米騒動を見学することができた。もともと、大杉がやろうといっていたストライキは、おもうぞんぶんあばれてしまえという暴動みたいなものだったので、おそらくここで、大杉は自分がいっていたことがまちがいじゃない、ふつうにみんながやっている、これはいけるぞと確信したんじゃないかとおもわれる。

この米騒動、どういうものだったのかというと、もうしっちゃかめっちゃかだ。もともと、コメ不足のために米価が高騰しているのに、日本がシベリア出兵とかいって他国に攻めこんでいる。戦争には大量の兵糧が必要だ。ただでさえコメがないのに、そんなところにもっていくなんて。そういって、はじめは政治家を介して政府にコメを値下げしろとか、シベリア出兵をやめろとか要求していたのだが、だんだんと、ほんとうにコメが買えなくなってくると、主婦たちがほんきをだしはじめる。もはや、ひろく世論にうったえかけて、政府をつきうごかすとか、そんなゆうちょうなことをいっているヒマはない。直接、米屋におしかけてコメをださせる。ひとりじゃダメならふたり、ふたりじゃダメなら近所のおばちゃんたちをつれていく。いちど米屋に群がってしまえば、こちらの勝ちだ。なにをやっているんだろうと、その辺にいる人たちがどんどんやってきて味方になる。その場で、あるだけのコメをださせて、値切りに値切ってやすく売らせる。もっとやすく、もっとやすく。いうことききゃ、どなるだけ。カネがなくても、タダでもってく。いままでいうところの自発的値引きである。

これはさいしょ、富山《とやま》県の主婦たちがやったらしいのだが、ひとたび新聞で報道され、その手法がしれわたると、全国各地でおなじことがやられるようになる。大杉が、大阪の街をあるいていたときも、おなじような光景をまのあたりにした。軍隊アリみたいにひとがいっせいに群れあつまったかとおもえば、ことをおえると瞬時にしてたちさっていく。すげえ。大杉はテンションがあがって、主婦をみつけてはあっちでコメがやすくかえますよ、こっちでもコメがやすくかえますよと、ひたすら騒動をけしかけていたらしい。そのあと車でのりつけて新聞各社をまわり、「釜ヶ崎《かまがさき》でも大暴動がおこっている」とデマをながし、記事にさせたりした。共振作用をひきおこすというか、自由をもとめるひとの心に火をはなとうとしたのである。

米騒動の哲学——この酔い心地だけは

ちなみに、大阪の米騒動というのはほんとうにすごくて、これは、大杉は目撃していないのだが、コメをだししぶった米屋にたいして、群衆がブチキレて、文字どおり火をはなったりしていたそうだ。焼き打ちである。とうぜん消防隊が消しにくるが、群衆がはばんで消させない。そこら辺にいたおっさんが、「よっしゃ」とかいって、いちど家にかえり、日本刀をもってきてホースをたたき切ったりしていたそうだ。そのあとも警官がきて群衆をどかそうとするが、すると、どこからともなく竹槍《たけやり》をもった集団がやってきて、警官をやっつけたりしている。大阪、すごすぎる。大杉がおもっていたとおりだろうか、火をみた群衆はおさまりがつかなくなり、数万人にふくれあがる。そして、なぜかわからないが、みんなで列車をとめて、バンバン石を投げつけたりしている。

そのあと、もう警官ではムリだということで、陸軍の第四師団が派遣され、群衆と決戦になった。残念ながら、軍隊の圧勝だったようだ。おじちゃん、おばちゃん、不良少年の群れが騎馬兵にふみつぶされ、サーベルでつきさされてウギャーといいながらけちらされた。目撃者によれば、さながら地獄絵図だったそうだ。これだから、軍隊はおそろしい。人殺しだ。もちろん、群衆もだまってはいない。ちりぢりになって逃げだしたあと、街中にくりだして、交番の建物をみんなでおしたおし、高級そうな商店の窓ガラスをとにかく割りまくったそうだ。みんなが勝手に踊っている。みんながいっせいに「自我の皮」をぬぎ捨てている。大阪にいて、大杉はそうおもったことだろう。よき妻としての仮面、消費者としての仮面、よき父親としての仮面、労働者としての仮面。そういったものが、なりふりかまわずふり捨てられている。仕事だの、社会的な役割だの、もうどうでもいいことだ。女子は、ろくにコメも買えない男なんてたのみにしようとはおもわないし、米屋がコメを売ってくれないならば、盗んででももってかえろうとする。男子は男子で、日本刀をブンブンふってみたり、竹槍をもちだしてみたりと、なんだか武士や山賊にでもなったみたいだ。もっとやれ、もっとやれ。大杉は、そういう群衆たちの気分に酔いしれた。さいごに、さいきん飛矢崎雅也《ひやざきまさや》さんの『現代に甦《よみがえ》る大杉榮』をよんでいて、直球で大杉の米騒動論といえるものがあることに気づかされたので、すこしながくなるが、その全文を引用しておきたいとおもう(5)。

彼らは彼らじゃなかった。彼らはさらに他の彼らに巧みにおおいかぶせられた幾重もの殻に包まれていた。そして彼らはその中身の彼ら自身をあるいは他人だと考えさせられ、あるいはまたその存在をすらも忘れさせせられて、ただその上っ面の殻だけを彼ら自身だと思いこまされていた。

Wah! Wah! Wah!
Bara-bara! Gara-gara! Doshin!
Wah! Wah! Wah!
叫喚、怒号、〇〇、〇〇、〇〇

今彼らは彼らだ。中身だけの彼らだ。彼らにはもう教えられた何物もない。強いられた何物もない。瞞しこまされた何物もない。すべてを彼ら自身の眼で見る。彼ら自身の心と頭とでさばく。彼ら自身の腕で行う。彼ら自身の魂を爆発させる。

Wah! Wah! Wah!
Bara-bara! Gara-gara! Doshin!
Wah! Wah! Wah!
叫喚、怒号、〇〇、〇〇、〇〇

彼らはまたもとの彼らに帰るだろう。彼ら自身じゃない彼らに帰るだろう。そして再びまた彼ら自身を忘れてしまうだろう。短い酔だ。しかし彼らが彼ら自身に酔った此の酔心地だけは……。

（大杉栄「此の酔心地だけは――エ・リバアタリアン」『大杉栄全集 第4巻』ぱる出版、二〇一四年、二六五―二六六頁）

ふだん酒を飲まない大杉が、米騒動にはかんぜんに酔っぱらっている。うわー、うわー、うわー、バラバラ、ガラガラ、ドシン、うわー、うわー、うわー。これが大杉の米騒動論だ。おおいかぶせられた幾重もの殻をつきやぶり、みんなが勝手に踊りだす。いま、かれらはかれらだ。魂の爆発、泥酔状態。もちろん、すぐに酔いはさめてしまう。でも、この酔い心地だけはわすれない。なんどでも、なんどでもくりかえしたいとおもってしまう。あばれゆく力に酔いしれろ。酔えば酔うほどつよくなる。柔らかければ、すなわち無敵だ。うわー、うわー、うわー、バラバラ、ガラガラ、ドシン、うわー、うわー、うわー。盃三杯、兄弟のちぎり。酒を飲もうぜ、好《ハオ》、兄弟。この酔い心地だけは……。

（1）おすすめは、『完訳 水滸伝（全十巻）』（吉川幸次郎、清水茂訳、岩波書店、一九九八年）だ。吉川英治『新・水滸伝（全四巻）』（講談社、一九八九年）もめちゃくちゃいいのだが、残念ながらとちゅうで著者が亡くなってしまい、未完となっている。

（2）竹中労著、かわぐちかいじ画『新装版 黒旗水滸伝（全四巻）』（皓星社、二〇一二年）。

（3）吉川英治『宮本武蔵（全八巻）』（新潮社、二〇一三年）。

（4）ジェームズ・C・スコット『ゾミア――脱国家の世界史』（佐藤仁監訳、みすず書房、二〇一三年）。

（5）飛矢﨑雅也『現代に甦る大杉榮』（東信堂、二〇一三年）。

第四章　恋愛という暴力

――習俗を打破する

生きのびるための恋愛か、それとも恋愛をして生きるのか？

さて、小休止というわけでもないが、ちょっと自分のはなしでもしてみたいとおもう。お恥ずかしながら、さいきんまるっきりモテない。まあ、もともとモテたことなんてないのだが、とはいえとくにひどい。一例をあげてみると、このまえ気になっていた女子に声をかけ、お酒にさそってみた。結果は惨敗で、それはそれでしかたのないことなのだが、びっくりしたのはそのとき、ほんきで説教というか、罵声《ばせい》をあびせかけられたことだ。「おまえがわたしを好きだということは、わたしの自尊心を傷つけるということがなぜわからないんだ！くそ、気持ちわるいんだよ、おまえの存在が。視界にはいるな、消えてなくなれ、死ね、死ね」。あれ、わたしはまたなにかやましいことでもやらかしてしまったのだろうか？　さいしょは、もしかしたらいいかげんな気持ちでさそったと誤解されて、それで怒られているのかとおもい、いやいやそうじゃないんだと、いいわけなのかなんなのか、よくわからないことをいっていたのだが、どうもそうではないらしい。ことばをつくしても、相手の怒りはおさまらない。

その後も、くりかえしくりかえし罵声をあびせかけられた。やばい、これはよっぽどだとおもい、よくよくきいてみてわかったのだが、責めたてられているのは、わたしの存在自体だということであった。この間、わたしは文章でも、大学の授業でも、友人間のつどいでも、「はたらかないで、たらふく食べたい」ということを公言している。もちろん、多少は現金収入がないと死んでしまうので、アルバイトはしているのだが、それでも反労働というか、はたらかないと口にだしていってみることが、この息苦しい資本主義からぬけだすひとつの肝だとおもっているし、そうやって生きたほうがほんとうにたのしいだろうとおもっている。じっさい、いまわたしは年収一〇〇万円にもみたないのだが、おもしろい友人にもめぐまれているし、大学でも授業で好きなはなしをさせてもらっているし、たまにひとからご馳走《ちそう》になっておいしいものを食べさせてもらったりもしている。いがいと、たのしくやっているのだ。

でも、たぶん相手のコからすれば、それがゆるせなかったのではないかとおもう。生きるということは、生きのびるということだ。ひとはこの資本主義できめられたとおり、カネをかせごうとしなくてはならない。だから、カネがないだけならまだしも、カネがないのにそれでいいんだといって、イケシャアシャアとたのしそうに生きていることがゆるせないのだ。このやろう、調子にのりやがって。気持ちわるいのだ。そう考えると、かけられた罵声の意味がみえてくる。恋愛というのは仕事とおなじで、生きのびるためにするものだ。恋愛は結婚の原型みたいなもので、将来の安定した経済生活をいとなむためにするものである。仕事でどれだけカネをかせげたのかが、そのひとの社会的ステータスをきめるように、恋愛でどれだけよい相手をえらべたのかが、そのひとの価値をきめる。しかも年齢が年齢で、二〇代後半の女子である。仕事では、男女の格差がはっきりと存在していて、生きのびるためには必死に自分のスキルをみがくしかない。それなのに、まわりからはやれ結婚することが女のしあわせだとか、やれ子どもをうむためにはわかいほうがいいだとか、よけいなことばかりいわれてしまう。ちくしょう。

そんなときに、よりによってわたしのようなクズというか、かせごうともしない人間から好きだといわれたわけである。おそらく、そういうふうにクズから口説けるとおもわれてしまったこと自体が、かの女にとっては屈辱だったのだろう。そりゃあ自尊心も損ねてしまう。

たんてきに、死ねともおもうだろう。マジでもうしわけないことをした。わたしなどは三〇代半ばにして、その恋が自分の役にたつかどうかとかそういうことではなくて、ただ好きだから、ただたのしみたいから恋におちてもいいとおもってしまうし、それこそ恋のかたちだって、何人とつきあおうが、男女性別問わず、どんなつきあいかたをしたっていいとおもってしまうのだが、その時点で相手をバカにしているということなのだろう。わたしはわるい、わたしはわるい。うーん、ダメだ。あたまではわかるのだが、重苦しくてたまらない。これだと、恋愛にただしいやりかたみたいなのがあって、それにしたがわないことが犯罪であるかのようだ。ひとを愛する奔放な力。暴力ということ。そのあばれゆく力が、ただひとつの暴力に、権力に囲いこまれてしまう。どうしたらいいか。正直、わたしはこのたたかいで勝ったことがない。惨敗つづきだ。というか、すでに斬り殺されているといってもいいのかもしれない。でも、ずっとへこたれているわけにもいかないので、ちょっとここで、恋愛の神様とよばれている人物にご登場いただき、ご意見をうかがってみたいとおもう。

恋愛の神様

ここまで、いろいろと大杉栄《おおすぎさかえ》の暴力論をあつかってきた。そして、都合のよいことに、じつは大杉はパートナーであった伊藤野枝《いとうのえ》とともに、自由恋愛の神様ともいわれている。三〇歳くらいのとき、大杉は自由恋愛《フリーラブ》をかかげて、三人の女性と同時につきあった。でも、結果はさんざん。一九一六年一一月、大杉は痴情のもつれから喉元《のどもと》をさされ、瀕死《ひんし》の重傷をおってしまう。これが有名な葉山日蔭茶屋《はやまひかげちゃや》事件である。その後、三人のなかのひとりであった伊藤と同棲《どうせい》し、カネがないなりにうまくやっていくのだが、一九二三年九月には関東《かんとう》大震災があり、どさくさにまぎれて、ふたりとも殺されてしまう。まあ、その恋愛のしかたから殺されかたまでふくめて、ちょっとかっこいいということもあって、死後、ふたりは恋愛の神様といわれたのだ。じっさい、ふたりの墓はいま静岡《しずおか》県の沓谷《くつのや》霊園というところにあるのだが、ふらふらと近所の女子高生がやってきて、恋愛成就の祈願をすることもあるのだという。いいはなしだ。ちなみに、愛と暴力をテーマにした文章では、大杉よりも伊藤のほうがおもしろいようにおもえるので、ここからはすこし、伊藤にしぼって、その人生と思想を紹介してみたいとおもう。

伊藤は一八九五年、福岡《ふくおか》県今宿村《いまじゅくむら》（現、福岡市）でうまれた。超貧乏な家で、食べていくこともままならなかったため、父方のおばの養女になったり、そのあと、また別のおばの家でそだてられたりもした。じつはそのふたりめのおばの夫、つまりおじにあたるのが代準介《だいじゅんすけ》で、かれは地元でも有名な実業家であった。当時、右翼のボスであった頭山満《とうやまみつる》ともしたしく、資金援助などをしていたようだ。さて一九〇九年、高等小学校を卒業後、いちど郵便局ではたらくが、どうしてもこのまま人生をおえたくない、勉強がしたいとおもい、おじに東京《とうきょう》にいかせてくれと懇願した。かならずひとかどの人物になって、ご恩をおかえししますといったらしい。たぶん、ひとかどの人物にはなっているが、恩はかえしていない。まあ、そんなこんなで、あまりの熱意にまけたおじはカネをだし、一九一〇年、伊藤は上野《うえの》高等女学校に入学した。一九一二年、女学校を卒業後、伊藤はいちど地元にもどるが、そこでおじのすすめる相手と結婚をさせられそうになる。親や親戚《しんせき》からすれば、もう十分に東京であそばせてやったのだから、そろそろ結婚しろよということだったのだろう。婚約までいくのだが、伊藤はこれがいやでいやでたまらない。ムリだ。伊藤は、逃げだすことにきめた。

まず、女学校時代の英語の先生であった辻潤《つじじゅん》に手紙をおくる。故郷をすてて東京にいくから、どうかかくまってもらえないか。辻は、のちに執筆活動のかたわら、アナキズムの古典としてしられているマクス・シュティルナー『唯一者とその所有』を訳したひとでもあるし、本人もアナキストだ。あと、日本《にほん》でいちはやくダダイストを名のっていたひととしてもしられている。よく大杉とくらべられて、辻の性格は暗かっただのなんだのと、ネガティブにかたられることがおおいが、いやいやそんなことはなくて、ほんとうのところすごくおもしろいひとだ。大杉とおなじようにぶっとんだひとだったのだが、大杉が理性的であったのにたいし、辻が非理性的だったというか、ほんとうにぶっとんでいたというだけのことである。

たとえば、知人のパーティーに招待されて、いいよといっていってみたら、「オレは天狗《てんぐ》だ」とかいって奇声をあげてかえってくる。なにか問題があって怒っていたとか、そういうことではない。とくに意味はないのである。そんなことはふつうはやらない。くりかえすが、真にぶっとんでいたのだ。

とにかく女学校時代、伊藤は学校の先生であった辻にあこがれをもっていた。辻は、伊藤から手紙をうけとったとき、飲み屋のおねえさんに恋をしていたらしく、まいったなとおもったらしい。でも、元おしえ子からたすけをもとめられて、なにもしないわけにはいかない。オレがなんとかするから、とにかくすぐに東京にでてこいと手紙をかえした。かっこいい。とはいえ、さすがに相手は、まだ一七歳の元おしえ子である。辻は、学校の教頭先生に相談し、うちにかくまうわけにはいかないから、伊藤をおいてあげてくれないかとたのみこむ。これでだいじょうぶだとおもっていたら、教頭にスキャンダルだなんだのといいふらされた。伊藤が東京にくるのは、もともとふたりがそういう関係にあったからにほかならない、ふしだらだ、破廉恥だ、教員失格だと。じつはこれで、辻は仕事をやめることになる。まあいっか。辻はそうおもったらしい。

それからすぐ一九一二年四月には、ふたりは同棲している。いわゆる自由結婚だ。当時はまだ、お見合い結婚が一般的であったが、そうではなくて恋愛をして、好きな相手と結婚をしたということである。でも、結婚したら結婚してみたで、やはり不満はつのってくる。辻の母親とも同居をしたのだが、やれ家事がなっていないとか、やれ子どもはまだかとか、めんどうくさいことばかりいってくる。うるさい。伊藤がイライラしているのを察したのか、辻からおまえは文章をよんだり、かいたりするのが好きなのだから、『青鞜《せいとう》』にでも寄稿してみないかとすすめられた。『青鞜』は、前年に平塚《ひらつか》らいてう《ちょ》が発刊した文芸誌で、女性による女性のための雑誌というのをかかげていた。そりゃいいねとおもった伊藤は、一〇月から青鞜社《せいとうしゃ》にかよい、社員として名をつらねている。そして続々と詩や小説、評論を発表していった。じつは教職をうしなったあと、もともとの素の部分がでてきたのか、辻がまったくはたらかなくなったため、伊藤が青鞜社ではたらき、一家をやしなうことになった。わたしは日ごろ、はたらかないでたらふく食べたいとおもっているので、辻に共感してしまうのだが、とはいえ伊藤はたいへんだったろう。

その後、伊藤はかけばかくほど、「新しい女」として脚光をあび、どんどん有名になっていった。あいもかわらず、辻ははたらかないが、翌年の九月には長男の一《まこと》もうまれ、家庭生活は円満であるかのようにみえた。でも、ぜんぜんそうじゃなかったらしく、伊藤にとっては地獄であった。一家のかせぎのために仕事はしなくてはならないのに、育児もしなくてはならなくなった。なんとかがんばってやってみれば、辻の母親が一人前に家事と育児もできないのに、女がはたらくなんてありえないとかいってくる。このやろう。おまえの息子がはたらかないからだといってみれば、むこうはだれのせいで仕事をやめさせられたんだとかいってくる。ちくしょう、なにもいえない。たすけてくれといわんばかりに、辻に相談してみれば、とりあってくれないどころか、なんかさいきんデレデレしている。へんだなとおもい、それで問いつめてみれば、おまえのいとこと関係をむすんじゃったよとかいってヘラヘラしている。ほんとうに不倫していたらしい。なんなんだ、こいつらは。伊藤はとほうにくれた。

四角関係

一九一五年一月、平塚が恋愛問題で『青鞜』の編集をおりるということもあって、そのあとをついで、伊藤が二代目編集長となった。ここから、『青鞜』は、貞操問題、堕胎問題、売娼《ばいしょう》問題など、女性にかかわる社会問題をガンガンあつかうようになっていった。前年に、エマ・ゴールドマンというアメリカのアナキストの翻訳をやったこともあってか、伊藤の関心もどんどん社会的なものにひろがっていった。そんなときである。渡辺政太郎《わたなべまさたろう》というひとのよさそうな社会主義者が家にやってきて、ちょっと友人が雑誌をだしているんだけど、発禁処分になってこまっている、二千部、三千部も刷って、すごくカネもかかっているのに、ぜんぶ没収されて捨てられてしまったのではたまらない、没収されるまえにどこかにかくしておけたらいいのだが、置き場所がなくてこまっているんだみたいなことをいっている。かわいそうだ。辻と伊藤は、家にかくしてあげることにきめた。そして、しばらくすると、その雑誌の責任者を名のる人物がやってきた。大杉栄だ。とにかくありがとうとお礼をいわれる。ちょうど、伊藤が社会問題についてもっとしりたい、しりたいとおもっていたころである。そこに当時、いちばん有名な社会主義者がやってきたのだから、そりゃあ、こころをおどらせないわけがない。

それからだんだんと、辻との仲がさめていった。ある日、また渡辺がやってきて、谷中村《やなかむら》の足尾《あしお》銅山鉱毒事件のはなしをしてくれた。世のなかには、そんなひどい目に遭っている人たちがいるのか。伊藤ははなしをきいて、涙をボロボロとながした。興奮がさめやらないので、辻にもきいてきたはなしをしてみたら、なんかヘラヘラわらっている。おまえは自分や自分の家族のこともろくにできていないのに、人さまの心配をしている余裕なんてあるのかよと。ムカつく、ムカつく。気持ちがおさえきれなくなった伊藤は、大杉に宛てて手紙をかいた。谷中村にたいする熱いおもいをかきなぐる。その手紙をうけとった大杉は感激して、わかるよ、わかるよといった返信をくれた。さらに参考までにといって、自分の本までおくってくれた。いいひとだ。いいひとまでだったらいいのだが、ここからの大杉がまた大杉らしい。伊藤から手紙をもらった大杉は、これ、オレのこと好きなんじゃないかとおもったらしい。かんちがいだ。というか、かんちがいでもよかったのだろう。おもったことは即行動。大杉は伊藤をデートにさそった。さいしょ伊藤はちょっとひいてしまって、夫も子どももいることだしとおもってことわっていたのだが、大杉が気迫でおしてくる。こりゃあ、もういくしかないか。ふたりはすぐに男女の関係になった。ここからは伊藤が、大杉にぞっこんである。

でも、いざ恋愛関係になってみて、びっくりしたのは大杉の女性関係だ。もともと内縁関係にあった堀保子《ほりやすこ》という女性もいれば、ちょうど自分とおなじくらいのころから、神近市子《かみちかいちこ》という東京日日《とうきようにちにち》新聞の記者ともつきあっている。四角関係だ。これはどういうことだ。大杉を問いつめてみると、オレは自由恋愛論者だ、しっているだろうとひらきなおっている。一夫一婦制とか、男女のカップルがつきあうべきだとか、いろいろいわれているが、そんなのしったことか、ひとはだれとどんなつきあいかたをしたっていいんだと。そういわれると、そうおもってしまう。というか、大杉以上に伊藤こそそうおもっているひとなのだ。でも、伊藤が大杉に宛てた手紙をみていると、わかるんだけど、わかるんだけど、なんかムカつくということがかかれている。おそらく大杉が上から目線というか、自分をかろんじている気がしたのだろう。大杉にムカついていたのは、堀も神近もおなじことで、もう大モメにモメることになった。ドロドロだ。苦肉の策なのかなんなのか、みんなでうまくつきあっていくためにといって、大杉は三つの条件をだしてきた。

（一）　おたがいに経済上独立すること
（二）　同棲しないこと、別居生活をおくること
（三）　性的な関係もふくめて、おたがいの自由を尊重すること

これをきいて、堀はもうめんどうくさいからわかれたいといい、神近はしぶしぶわかったといい、伊藤はハイハイといって承諾した。伊藤の場合、はじめからしたがう気はなかったのかもしれない。そりゃあそうだ。経済的に独立できるのは、すでに文筆で名をあげている大杉と、新聞記者の神近くらいで、ずっと家庭にいた堀や、あるていど有名にはなっていても、子どもをかかえている伊藤にはむずかしいということがわかりきっていたのだから。それでもいちおうやれることはやってみる。まず、夫である辻に、大杉とつきあいたいからわかれようといった。辻は激怒し、ホホをぶったたかれ、おもいきりけとばされた。翌日、伊藤はうまれたばかりの二男だけをつれて、家をでた。いちおう、辻はしあわせになれよといい、伊藤は半泣きだったようだ。それから伊藤は大阪にいき、新聞で連載などをもって生計をたてようとしたが、その企画がポシャってしまい、あてがはずれてしまう。食べていけな

い。すでに大杉との関係がスキャンダル化して、不倫だの不貞だのと、雑誌でバッシングをうけていたため、親も親戚もたすけてくれない。あまりにこまったので、二男をしりあいにあずけ、そのまま養子にだすことになってしまった。伊藤はかつて、自分が親戚にあずけられたことを根にもって、実母に「わたしは自分の子どもを他人にくれたりなんかしない」と毒づいたこともあるくらいである。だから、自分もおなじことをすることになってしまって、ほんとうにくやしかったにちがいない。

吹けよあれよ、風よあらしよ

ここから、伊藤はほんきをだす。もうどうなったっていいや、なんだってやってやる。まずは大杉の家にころがりこんだ。そのまま同棲をする。神近やその友人たちは、ルールをまもらないなんてひどいじゃないかとブーブーいってくるが、そんなことはもう関係ない。あんなクソみたいなルール、まもっているほうがおかしいんだ。というか、あんなの、うまくかせげている連中のたわごとじゃないか。好きなひとと、好きなときにいっしょにいようとおもって、なにがわるい。たぶん、このへんをわりきってしまった時点で、伊藤の圧勝である。しかし、いざ大杉のところにいってみてわかったのは、大杉もかせぎがないということであった。いくら本をだしても、発禁にされてしまって収入がない。しかも、恋愛スキャンダルが祟《たた》ったのか、新潮社《しんちょうしゃ》とか出版社から絶縁状がとどいたりする。こりゃあ、しかたがない。大杉は、ふところにナイフをしのばせて、内務大臣の後藤新平《ごとうしんぺい》のもとにむかった。内務省が自分の本を発禁にするからカネがないのである、ちょっと責任をとってもらってカネをもらおう、ダメだったら殺すしかない。そうおもっていってみると、けっこうかんたんにカネをくれた。三〇〇円だ。いまでいうと、一〇〇万円くらいだろうか。大金だ。やったぜ。大杉は、伊藤を葉山《はやま》にさそった。海でもながめながら原稿をかこうぜ。伊藤はおおよろこびだ。ふたりは葉山日蔭茶屋にいった。

でも、この旅行がほんとうに悲惨で、大杉が葉山にいったことをしった神近も、たのしそうだとおもってきてしまった。はちあわせだ。しかたがないので、一日だけ三人ですごした。川の字になって寝たらしい。地獄である。翌日、気まずいので、伊藤はそそくさと東京にかえった。翌日も、大杉と神近は日蔭茶屋にとまる。そこで事件がおこった。寝ているあいだに、神近が大杉の喉元をナイフで刺したのである。一一月九日、葉山日蔭茶屋事件だ。大杉は重傷をおったものの、一命はとりとめた。とうぜんながら、神近は警察につかまった。世間からは、大杉と伊藤にたいするバッシングがおさまらない。新聞でも雑誌でも、日本の一大道徳をやぶった不貞な輩《やから》たちとの非難がやまない。社会主義の同志たちからも、だから自由恋愛はダメなんだ、社会制度にたいする反逆はいいけれど、ひととしての道徳はまもらなければならないとか、バカみたいな批判がなげかけられる。

とくに、大杉が入院していたときの、伊藤にたいする攻撃はほんとうにはげしい。同志たちは、おまえのせいで運動がこわれたんだといきまいて、伊藤をおもいきり責めたてた。いちどなどは、病院のまえで神近の友人でもあった宮嶋資夫《みやじますけお》にぶんなぐられ、泥水のなかにほうりなげられたとおもったら、駆けつけたほかの同志たち五人にも蹴《け》りをいれられ、血まみれになったほどだ。リンチである。屈辱的なことに、みかねた警官にたすけられ、大杉の病室に逃げこむことになった。それでも同志たちの怒りはやまず、病室にまでのりこんできて、さらにまた蹴りとばされるというひどいありさまだった。クソ、くやしい。ただ、ほんきでひとを好きになっただけなのに、なんでこんな目にあわなくてはいけないのだろう。わたしはなにもわるいことなんてしてないぞ。社会主義者は、世のなかの問題は貧富の格差だといっているが、そんなのはぜんぜん本質じゃない。ほんとうの問題は、ひとの純然たるおもいをコケにする社会道徳である。結婚、家庭、貞操、カップル、一夫一婦制。ぜんぶ、ぶちこわしてやる。吹けよあれよ、風よあらしよ。ここから伊藤は、結婚制度の根幹をたたくような思想を展開していくことになる。

「ああ、習俗打破！　習俗打破！」

もともと、伊藤は『青鞜』で封建的なイエ制度を批判していた。それこそ、自分が経験してきたように、好きでもないのにムリやり親に結婚させられそうになるのはよくないことだといってきたのである。たとえば、こんなふうに述べている。

　自由恋愛が罪悪のように思われるのは、従来の結婚の手続きが他人すなわち媒介人や双方の両親あるいは親戚などというものによってなされるのに彼等の真の恋愛が邪魔をする場合が多いからでございます。ゆえに世間の多数者はその不都合な結婚の形式を破ることをせずに自分たちの利害関係から本人たちを無視して自由恋愛が親やその他の者に多くの場合に苦しい思いや不自由な思いをさせるのを理由として不幸の罪を必ず犯すものとして恋愛を罪悪視したのです。
（伊藤野枝「矛盾恋愛論」『定本　伊藤野枝全集　第二巻』學藝書林、二〇〇〇年、一六三頁）

　ここでいわれている自由恋愛とは、好きな相手とむすばれたいという意味である。従来の見合い結婚では、結婚はあくまで家の利益のためにするものだといわれてきた。基本的に、相手は親や親戚が慎重にえらぶ。その後の家の繁栄がかかっているからだ。それなのに娘がなんにも考えずに、自分で相手をえらびはじめたら、とんでもないことになってしまうだろう。お家、崩壊だ。だから自由恋愛はタブーとみなされ、罪悪視もされてきた。わかい娘は処女をまもれとか、貞操をまもれとかいわれるのも、そういうことだ。あしき習俗である。伊藤は、そうした習俗こそが、ひとがひとを好きになったり、しあわせになろうとする気持ちをぶちこわしているのだといい、好きな相手と好きに恋愛し、好きにセックスをして、このひととあうとおもったら結婚をすることこそが、ひととしてのしあわせをつかむことなんだといっている。ちょっとかっこいいのは、それでもわからないならば、といって、こんなふうにアジテーションをとばしていることだ。

ああ、習俗打破！　習俗打破！　それより他には私たちのすくわれる途はない。呪い封じ込められたるいたましい婦人の生活よ！　私たちはいつまでもいつまでもじっと耐えてはいられない。やがて――、やがて――。

（前掲書、一七二頁、伊藤野枝「貞操についての雑感」）

しかし、ここでまた伊藤はつまずくことになる。いざ、好きな相手とむすばれてみたら、けっきょくそのさきで家にしばられてしまうのだ。やれ女ならこうしろ、やれ母親ならこうしろと。しかも自分でえらんだぶん、いいわけがきかないことになる。たとえうまくいかなかったとしても、この結婚はおまえが選択したものじゃないか、自分の個性をかけて、自己実現としてむすばれたのだろう、やめるなんていわせない。家庭がうまくいかないということは、おまえの個性に、人間性に問題があるということだ、それでもいいのかといわれてしまう。伊藤にとっては、辻との結婚生活がそういうものだったのだろう。いったい、なにがわるいのか。結婚だ、結婚制度そのものがわるいんじゃないか。葉山日蔭茶屋事件で猛烈なバッシングをうけ、大杉とともにくらすようになってから、伊藤はそんなことを考えるようになっていった。

「この貞操という奴隷根性を引きぬかねばならぬ」

結婚とはなにか、そしてその根底にあるのはなんなのか。伊藤は、結婚の原型は奴隷制であり、貞操という道徳によってなりたっているとしている。

世の中が文明になるにつれて、最初平等であった人間と人間とのあいだに階級ができ、権力がうまれ、道徳ができ、法律ができ、宗教がうまれて、風俗や風習の上に大きな変動ができてきます。そして人間の生活が、一般にずっと規則だてられるのです。そして第一に規則だてられたものは、財産に対する権利です。所有権を所有することです。そして、この所有権の主張はもちろん女の上に充分におよびました。

蒙昧野蛮な人間のあいだでは、女の所有者は自分の随意に、その女を他人に貸しもすれば売りもしましたし、また、客をもてなすのに女の体を提供するということさえもしました。しかし、もし持主の承諾なしに、他の男に接した場合、すなわち姦通は、実に厳重に罰せられました。

（伊藤野枝「貞操観念の変遷と経済的価値」『定本 伊藤野枝全集 第三巻』學藝書林、二〇〇〇年、二六九頁）

文明社会というのは、ひとがひとを支配することを起源としている。支配者はあらゆるものを所有することができ、たとえ人間であっても、家畜や物とおなじように所有することができる。もちろん人間を物品と交換することもできる。それが奴隷制だ。第一章では、この奴隷制というか、奴隷労働こそがひとを商品としてあつかうことを可能にしたのであり、労働力商品という発想の原型であったということを説明した。伊藤は、ここからさらにつっこんで、奴隷のなかでも、もっとも都合よくつかわれてきたのが女であると論じている。女は、主人である男の所有物であり、奴隷であった。男が命じるかぎりでは交換されたり、ほかの男と性的関係をむすばされたりするが、みずからの意志でそうすることはゆるされない。なぜなら、女はあくまで男の私有財産であり、奴隷だからである。それにしたがわせるために、男は姦通罪などの法律をつくり、女が不貞をおかしたらきびしく罰することにした。これと同時に、貞操という道徳がうみだされることになる。これがあることによって、ほんとうは、女は男に支配されているだけなのに、貞操をまもることが善行であるかのようにおもえてしまう。わたしはあなたさまの犬であります。ようするに伊藤は、大杉がいっていた奴隷根性というのは、結婚という男女関係にもあてはめることができるのだといったのである。

でも、まだこれだけだと、女が奴隷だったというのは、あくまでむかしのはなしじゃないかといわれてしまうかもしれない。野蛮人ならまだしも、というか一夫多妻制の時代ならまだしも、いまはちがうじゃないか、すくなくとも近代の夫婦関係は、一夫一婦制であり、男女平等であり、女は奴隷あつかいなんてされていない。そう、いうひともいるかもしれない。これにたいして、伊藤はたしかに一夫一婦制になってから、女は露骨な奴隷あつかいはされなくなったけれどもといって、つぎのように論じている。

やがて夫婦関係を結ぶのに本当の原始的な掠奪や売買から少しずつ進歩して女に

多少の選択の自由が認められるようになり、一般に合理的な一夫一婦が実現される社会では、そう露骨に女が財産視されることはないようになってきたのです。すなわち、一夫多妻制度の男が知らなかった、妻に対する愛着というものを知るようになりました。それが自分の所有物に対する執着といっしょになって、やはり妻達の上に盗難の手がおよばないような企てを怠らなかったのです。そして、その盗難に対するに、重い刑罰というよりは、世論と法律を味方にしはじめました。その世論も、決して間違いのないように、道徳という型をつくってそれに無上の権威を持たせました。その上に宗教が味方します。こうして二重にも三重にも錠をおろして女をしまい込んでしまったのです。そしてこれになんにも不満足をいいたてないのが、屈従するのが、女の唯一の大事な道徳なのです。これが貞操という、男にとっては大切な女に守らせなければならぬ道徳です。そして女にとっては男の保護を得るためには、ぜひ守らなければならぬ道徳です。

（前掲書、二七〇―二七一頁）

いっていることはすごく単純で、いまもむかしもたいしてかわりないということである。露骨に支配されなくなったぶん、より狡猾《こうかつ》な支配がしかれるようになったといってもいい。

一夫多妻制とおなじように、一夫一婦制でも男が女を所有している。男は女に愛着をもつが、それは財産にたいする執着にひとしい。しかも、女という財産をまもりたいんだとか、ほんとうのことをいうと体裁がわるいから、これは夫婦や家庭の愛情をまもるためなんだとか、伝統的にこれがただしい方法なんだとかいって、姦通《かんつう》罪や貞操をおしつけてくる。たちがわるい。じっさいのところ、ひとを物としてあつかい、それを盗まれないようにしようといっているわけだから、むちゃくちゃ非人間的なことのはずなのに、なんだかいちど客観的な法や道徳の体裁をまとってしまうと、みんなただしいとおもってしまう。おのずと世論に支持されるのだ。女はいまでも奴隷としてあつかわれている。

じゃあどうしたらいいかというと、こたえは単純だ。結婚という奴隷制度をなくせばいいのである。でも、なかなかそうはならない。なぜかというと、当の女性自身が貞操をまもり、夫をささえ、家庭をまもろうとしてしまうからだ。そうすることが道徳的によいことであり、女性としての人格をみがくことであるとおもいこんで。だから、伊藤はすかさずこうよびかけている。

私はあらゆる人間社会の人為的な差別が撤廃され、人間のもつあらゆる奴隷根性が根こそぎにされなければならないという理想をもっています。そしてその理想から、あらゆる婦人たちの心から、それ自らを縛《いまし》めているこの貞操という奴隷根性を引きぬかねばならぬと主張するものです。

（前掲書、二七一頁）

はじめから道徳をせおわされ、こういうカップルじゃなくちゃいけない、こういう妻でなくちゃいけない、こういう母でなくちゃいけないといわれるなんてまっぴらごめんだ。重苦しい。しかも、その重苦しさをとりのぞこうと、まっこうから結婚制度にあらがい、そしてほんきで恋愛をしてみれば、もうめちゃくちゃに世論にたたかれた。不倫だ、愛人、スケベだ、クソだの、まるで犯罪者みたいなあつかいだ。おまえは悪魔だというやつもいた。かつて、奴隷は奴隷の役割を放棄したら殺されてもしかたがないといわれていたが、まさにそういうことなのだろうか。大杉も伊藤もしてやられた。でも、だからこそ実感をもってこういえたわけである。いまこそ、女性の心にやどっている奴隷根性を根こそぎにしようと。マジで金言だ。

愛の力が家庭のなかに囲いこまれる

さて、葉山日蔭茶屋事件のあと、伊藤は大杉といっしょにくらしはじめた。翌年、一九一七年九月には長女を出産している。あえて世間のあらなみにさからうかのように、その子を魔子《まこ》と名づけた。不退転の覚悟というべきか。たいしたもんだ。じゃあ、これで伊藤は結婚制度から、家庭から離脱できたのかというと、なかなかそうもならない。人間の習俗というのはおそろしいもので、いくら切ったとおもっても、しらずしらずのうちにまたおなじものにとらわれてしまう。伊藤は、こんなふうに述べている。

けれど、私達の『家庭』という形式を具えた共同の生活が、いつの間にか、私をありきたりの『妻』というものの持つ、型にはまった考えの中に入れていたのです。ですから、私は、少なくとも、あなたと何か仕事の上の話をしたり何か仕事を手伝ったり、あるいは同志の人達と話しをしたりするときにはそうではありませんでしたけれども、あなたと二人きりの『家庭』の雰囲気の中の生活では、『妻』という自負の下に、すべてを取り捌《さば》いていました。そして、今の感情はいつの間にか、その大事な仕事の上に臨む場合にすらも、『良人《おっと》の仕事に理解を持つことのできる聡明な妻』という因習的な自負に打ちまかされるようになっていたのです。
（前掲書、二五二頁、伊藤野枝「『或る』妻から良人へ——囚はれた夫婦関係よりの解放」）

これは伊藤が、活動、活動といって、家をあけがちな大杉にあてて手紙をかいたという体裁の文章である。大杉が留守でさびしいとか、そういう文章ではない。そうではなくて、逆にひとりの時間がふえてわかったのは、やはり共同生活をしていると、無意識のうちにいわゆる家庭をきずいてしまって、わたしは妻の役割をはたしてしまっていることに気づいたとかかれている。このことは奴隷労働でも賃金労働でもおなじことがいえるとおもうのだが、ひとは道徳というか、善悪優劣の基準みたいなものをうえつけられると、それをこなしてまわりに評価されようとやっきになる。奴隷なら奴隷の、労働者なら労働者の役割というのがもうけられて、主人や資本家に期待されたとおりのことをするのである。そうすると、ひとの行動が交換可能になるというか、対価や見返りといってもいいとおもうが、ほめてもらってご褒美をもらったり、賃金をもらったりするようになるのである。もちろん、これにともなって、主人や資本家の役割も設定されるのであり、奴隷や労働者をやしなえなくてはならない。

ながながと、なにがいいたかったのかというと、家庭でもおなじことがおこっていて、いちど貞操という奴隷根性をうえつけられた女性は、夫を献身的にささえることがよいことであり、それが妻としての役割だとおもいこまされる。伊藤のことばをつかっていえば、「良人の仕事に理解を持つことのできる聡明な妻」だ。そして、そんな妻をやしなうことが夫のつとめ。家庭という秩序と、夫／妻というアイデンティティ。あたかも自然で、男女にとって平等なものであるかのようだ。ほんとうは、ひとを奴隷としてあつかっているだけなのに。というか、それがあたまではわかっていても、どうしてもその思考パターンにひきずりこまれてしまう。なぜか？

それから、夫婦関係です。これも、従来とはすっかり変わってきたとはいうものの、お互いの生活を『理解』するという口実の下に、お互いに、どれほどその生活に自分の意志を注ぎこもうとしていることでしょう。そしてある人々は『理解』では満足せずに『同化』を強います。Better half という言葉が、どれほどありがたがられていることでしょう。

愛し合って夢中になっているときには、お互いにできるだけ相手の越権を許してよろこんでいます。けれども、しだいにそれが許せなくなってきて、結婚生活が暗くなってきます。もしもたいして暗くならないならば大抵の場合に、その一方のどっちかが自分の生活を失ってしまっているのですね。そして、その歩《ぶ》の悪い役まわりをつとめるのは女なんです。そしてその自分の生活を失くしたことを『同化』したといってお互いによろこんでいます。そんなのは本当にいい Better half なのでしょうけれど、飛んだまちがいなのですね。

（前掲書、二五六頁）

おたがいに相手のことをおもえばおもうほど、相手を理解したいとおもう。でも、こわいのは理解したいというおもいが、いつのまにか同化したいというおもいにすげかわっているということだ。これ、いいかたをかえれば、家庭というひとつの集団に同化されるということである。そのなかで、Better half、つまり妻であるといわれれば、自分は相手にとって特別な存在なんだとおもってうれしくなってしまうが、それはとんだまちがいだ。妻としてのアイデンティティをせおうということは、標準的な家庭のありかたというか、なにか中心みたいなものがあって、そのなかでトップにいる夫の命令をこなすということである。自分がなくなる、歩がわるい。

家庭をけとばせ！

なんとかして、こんな不平等な男女関係をふり捨てることはできないだろうか。いや、それだけではない。伊藤はこういういいかたはしないが、家庭はあらゆる集団の、人間関係の原型である。これがいちばん身近な原体験となり、基礎となって、学校でも会社でも、政党でも軍隊でも、ひとがひとを支配する関係がきずかれていく。家のうえに国をたてるとかいて、国家というくらいだから、まあそうなのだろう。家庭の息苦しい人間関係をくずさないかぎり、世のなかの支配関係はなくならない。というか、どんなにほかの集団内の不平等を改善したとしても、いちばん根っこにある家庭にメスをいれることができないかぎり、いずれはおなじことをくりかえしてしまうだろう。やるしかない。家庭を越えてゆくのだ。伊藤は、そういうひとの結合のしかたを、愛情のむすびかたを、つぎのようなイメージでかたっている。

複雑な微妙な機械をいじっていますと、私は、複雑である微妙を要することほど、特に『中心』というものが必要だという理屈は通らないのが本当のように思われます。みんな、それぞれの部分が一つひとつの個性をもち、使命をもって働いています。そしてお互いに部分々々で働きかけ合ってはいますが、必要な連絡の範囲を超してまで他の部分に働きかけることは決して許されてありません。そして、お互いの正直な働きの連絡が、ある完全な働きになって現れてくるのです。

（前掲書、二五五頁）

ちょっと、えっとおもわれてしまうかもしれないが、伊藤は、機械のようでありたいといっているのである。もしかしたら、機械というと単調なうごきをするものであって、非人間的というか、愛情をはぐくむこととはかけはなれているとおもうひとのほうがおおいかもしれないが、そうではない。むしろ逆である。ふだん、ひとは集団をイメージするとき、いつも有機体をおもいうかべてしまう。脳やら中枢神経やら中心となるものがあって、そこから末端の器官に指令がくだる。それぞれの器官にしても、これからどううごくべきか、そのありかたがはじめからきまっていて、それ以外の役割をもとめられることはない。これはいっけん効率的にみえるのだが、集団の可能性があらかじめ閉ざされているともいえる。これにたいして、機械はちがう。機械はそのしくみが複雑であればあるほど、中心といえるものがなくなっていく。司令塔になるものなんてなく、ただ末端の部品が自律的にうごくことによって、作業をおこなっている。すべてが末端であり、それぞれが連絡をとりあうことによって、複雑なうごきかたをしている。末端は独自の判断をしているわけで、必要があれば、いつもとはちがう部品と連絡をとりあったり、歯車をあわせたりして、これまでとはまったくべつのうごきかたをするようになる。中心なんてない、きめられた役割なんてない。末端の人びとが自由奔放にうごくことによって、われしらず集団のありかたをたえず変化させている。伊藤は、そんな機械みたいなうごきかたを、集団形成のイメージとしてもっていたのである。

あたりまえのことかもしれないが、ひとの愛情のもちかたにきまりなんてありはしない。中心なんてないのである。ひとの結合のしかたをカップルや家庭に閉ざしてしまうのは、もうやめよう。恋愛でも、友情でも、親子でもいえることだとおもうが、だれがどんなかたちで愛の力をふるってもいいのである。夫としての、妻としての役割なんてはたせなくてもいい。ただ好きだから、ただセックスがしたいからつきあってもいいわけだし、ふたりではなく何人でつきあってもいいわけである。それこそ、異性愛にかぎらず、同性愛でもかまわないわけだし、子どもをそだてるにしても、カップルでそだてるのではなく、友人でも近所のひとでも、共同でそだててもいいわけだ。どんなつきあいかたがいいのか、そんなの相手と状況におうじてそのつどかわってくる。あたりまえだ。ただ自分がよろこびをかんじられるかどうか、それを拡張し、充実させていくことができるかどうか、それだけが愛の力の賭《か》け金《きん》である。愛情というものをわかちあうよろこびは、無数の、無限の可能性をもっている。

大杉は、これを生の拡充といい、そのながれをおしとどめる秩序をぶちこわすのだといっていたが、伊藤は、おなじことを人間にとっていちばん身近な家庭というところから考えていたといってもいいだろう。ひとを愛する奔放な力が、ただひとつの暴力に囲いこまれてしまう。だったら、やるべきことはただひとつだ。家庭をけとばせ。わたしは機械になった。

現代でも、女性は所有物にされている

しかし、そうはいってもひとを、女性を所有物としてあつかおうとするのが人間の社会というものだ。起源は奴隷制。さからう者は、容赦なく排除される。人類一万年の歴史なんてたかがしれているといってやりたいところだが、道徳や法律など、ひとに奴隷根性をせおわせるしくみは、けっこう強大だ。もしかしたら、いやいや、昭和のはじめくらいまではそうだったかもしれないが、いまはちがうというひともいるかもしれない。いまでは女性の社会進出がすすんでいて、男とおなじようにはたらくようになっているじゃないか、共働きだってあたりまえになっているし、家事を分担したり、男が主夫になったりすることだってめずらしくなくなっているし、男女関係にかぎらず同性愛のカップルにたいしてだって、寛容になっているじゃないかと。

でも、いくら女性がはたらきにでるようになったといっても、賃金のやすい事務職や非正規雇用の割合がおおかったり、三〇歳ちかくになると、やれ子どもをうめとか、やれ女のしあわせはどうこうだとか、ほんらい自分できめるべきたいせつなことが、まわりからヤイヤイいわれたりして、強烈なプレッシャーになったりしている。男女の不平等はあきらかに存在するのだ。それから、かりに男が主夫をやるようになったとしても、あるいは同性愛のカ

ップルが一般的になったとしても、性別役割分業というか、家庭内でどちらかが夫か妻の役割をこなすということにはかわりない。おなじなのだ、愛の力が家庭のなかに囲いこまれ、気づいたら交換可能な役割をせおわされてしまうことには。屈折した奴隷根性が、わたしたちの身のまわりでとぐろをまいている。

わたしたちは、いまあらためて家庭をけとばすことができるだろうか。機械になって、愛情の奔放な力をぶちまけることができるだろうか。伊藤は、どんなに親や親戚にののしられても、どんなに男にぶんなぐられても、どんなにマスコミにたたかれても、みずからの力を手ばなすことをしなかった。大杉との奔放な生活がはじまっても、自分が家庭に囲いこまれてしまうことには敏感でありつづけている。伊藤、すごすぎだ。でも、これってふつうなかなかできることではない。というか、いちど機械になりきってしまえば、そのよろこびを胸に、もういちどもういちどと、なんどでも家庭をたたきこわそうとこころみるのかもしれないが、初発の段階ではちょっとちがう。たいていは妻の役割をひきうけていて、夫や姑《しゅうと》からイヤなことをいわれても、じっとがまんしなければいけないとおもいこまされたり、あたかも不倫をしてしまったことがわるいことであるかのようにおもわされてしまったりして、生きることに苦しんでいる。だから、その重苦しさをふりはらう一瞬というか、カミナリがおちて、ひとの心をこっぱみじんにしてしまうような瞬間が必要だとおもうのだが、それはどういうものなのか。わたしは、過去の女性たちはこのことをほんとにつきつめて考えてきていて、たとえば千年まえにかかれた『源氏物語《げんじものがたり》』などにも、そのことがものすごくよくえがかれているとおもっている。

浮舟の哲学

『源氏物語』は、いわずとしれた世界最古の長編小説であり、平安《へいあん》貴族の恋愛をものがたりにしたものだ。光源氏《ひかるげんじ》という超モテモテの主人公が、しっちゃかめっちゃかにいろんな女子とつきあっていく。しかも、光源氏が天皇の息子であったということもあって、歳をとるにつれてどんどんと出世していき、政治的にも栄華をきわめてしまうという、そんなはなしだ。これだけきいていると、身勝手な男の立身出世ばなしにしかきこえないかもしれないが、このはなしのおもしろさは、相手の女性の気持ちがむちゃくちゃよくえがかれているということだ。嫉妬《しっと》に狂ったあげく、生き霊になって、光源氏がこころひかれている女性を呪い殺してしまう女性もいれば、光源氏の妻になったものの、ちょっとその性格についていけなくて、わかい純朴な男子にこころひかれて浮気してしまい、罪悪感にとらわれて精神的にめちゃくちゃになってしまう女性もいたりする。ふつうに、いま目線でよんでもおもしろい。

そんななかでも、わたしがいちばんすごいなとおもったのが、ものがたりの後半、「宇治《うじ》十帖《じゅうじょう》」編にでてくる「浮舟《うきふね》」の章だ。このはなしでは、もう光源氏は亡くなっていて、その息子が主人公になっている。薫《かおる》の君《きみ》だ。ほんとうのところ、母とその浮気相手の子どもなのだが、まあちょっとそれはおいておこう。薫の君は、父が父だけに出世もしたし、超美男子で、うまれながらにして、からだからよいかおりがただよっているという貴公子だ。でも、なぜかモテない。はっきりいえば、女性をくどくのがヘタなのだ。そんな薫の君がうまれてはじめて恋をしたのが、宇治《うじ》であった大君《おおいぎみ》である。もうベタぼれなのだが、くどけないまま、相手が病気で死んでしまった。未練たらたらである。どうしたものか。ふとおもえば、幼なじみの匂宮《におうのみや》が大君の妹であった中君《なかのきみ》を妻としていたことをおもいだす。あれ、こりゃあ顔が似ているぞとおもい、おもむろにくどきはじめる。撃沈だ。でも、薫の君はしつこくつきまとう。まいったとおもった中君は、自分へのおもいをそらすために、もうひとりいる腹ちがいの妹を紹介した。それが浮舟だ。

浮舟は、貧乏な貴族の家でそだてられて、ろくに教養もなかった。そろそろ、下級貴族にでも嫁ぐかと考えていたところ、とつぜん薫の君がやってきた。意味はわからないが、薫の君は「似てる、似てる」といってよろこんでいる。オレの女になってくれというので、ついていくと宇治に豪邸をたててくれた。わーい、カネもちにひろわれたとおもってさいしょはよろこんでいたが、だんだん薫の君がめんどうくさいやつだということがわかってきた。いちいち、おまえは女性としての作法がなっていないとか、もっと教養を身につけろとか、お琴をならえとか、グチグチ、グチグチいってくるのだ。ああ、やってられない。そんなことをおもっていたとき、匂宮が部屋にしのびこんできた。幼なじみであった薫の君が、なんか浮かれているから、よっぽどいい女だろうとおもい、うばいにやってきたのだ。はなしてみたら、匂宮のほうがやんちゃでおもしろい。すぐに男女の仲になった。でも、まがりなりにも姉の夫だし、自分のことをおもってくれている薫の君もかんぜんにはすてきれない。たのしかったのは、さいしょだけ。あとは罪悪感がましていく。しかも、すぐにうわさはたつもので、薫の君にもバレてしまった。激怒の手紙が部屋にとどく。おっかない。どうしたらいいか。

浮舟は、死ぬことにきめた。宇治川《うじがわ》をながめてみると、けっこうな激流である。よし、ここにとびこもう。浮舟は歌をうたった。「嘆きわび身をば捨つとも亡き影に、憂き名ながさむことをこそ思へ」。嘆きわびるつもりで、この身もこころも捨ててしまおう。でも、たとえ死んだとしても、わたしのこの汚名はながれたままでしょうか。そんななかなしい歌だ。絶望のふちにたち、浮舟は自分のからだを水に沈めた。これで死んだかとおもったら、すぐちかくのお坊さんにひろわれて一命をとりとめた。自分は死ぬこともできないのか、はじめはそうおもったが、いやお寺にひろわれたのもなにかの縁だ。浮舟はこころにきめた。出家だ、出家しかない。お坊さんにたのみこんで、尼になった。男女関係におもいなやんだそのさきに、俗世を捨てたのである。しかし、ちょうどそんなときに、浮舟が生きていることをききつけた薫の君がやってくる。浮舟はあおうともしない。薫の君は手紙をかいて、どうかわたしのもとにもどってきてくれと懇願するが、浮舟はきかない。わたしはもう出家した身ですと。それをきいた薫の君は、逆ギレしてこういった。「どうせ、この女は、ほかの男にでも囲ってもらっているのだろう」。なんかムカつく。まああえていえば、浮舟は仏に囲われたのである。薫の君なんて眼中にない。あたりまえだ。

ながながと、浮舟のものがたりを説明してしまったが、なにがいいたかったのかというと、ここには女性のほんきというか、意地が賭けられているということだ。平安時代、やれ光源氏だ、恋だなんだといっても、女が男の所有物としてあつかわれていたことにはかわりはない。奴隷である。とりわけ、浮舟はひとの身がわりであり、財産も教養もなく、男の意のままになる存在であった。そんな女が浮気をして、しかも恋に生きるとかそういうことではなく、自分は主人である薫の君にわるいことをしてしまった、ひとに所有物である自分を盗ませてしまった、自分も盗人の一味であると罪悪感をかんじてしまった。でも、そこまでおもいつめられたからこそだとおもうのだが、男に囲いこまれた自分の生きかたに、真に息苦しさをおぼえてしまう。捨てるしかない、こんな自分なんて。そうして、他人の所有物にすぎなかった自分を川にほうりなげたのであった。さいわいにも生きのこったが、ならばといわんばかりに現世を捨てる。自分がつかえるのは仏だけだ、人間になんて、男になんてしたがわない。その意志を誇示するかのように、薫の君のさそいをつっぱねた。奴隷根性をふり捨てたのだ。愛欲のはてに、生きることに負い目しかかんじなくなってしまったら、きっと心だけでもいい、こうすればいいのだとおもう。自分のからだを水に沈めろ。ぜんぶ、捨ててしまえばいい。これが浮舟の哲学だ。

直接行動としての自殺？

もしかしたら、なんでこいつは、とうとつに『源氏物語』のはなしなんてしているんだとおもったひともいるかもしれない。それは千年まえから、究極の直接行動はこういうものなんだといいたかったというのもあるのだが、それだけじゃなく、伊藤がおなじようなことをいっていたのをおもいだしたからでもある。「遺書の一部より」。これはなかばノンフィクションの文章でもあって、どうも高等小学校時代の恩師であった女性教師が自殺してしまったらしい。そしてそのすこしまえに、すでに有名になっていた伊藤に手紙をくれていた。ショックだ。伊藤にも、いろいろとおもうところがあったのだろう。それで自分の恩師がどういうおもいで自殺におよんだのかを想像してかいたのが、この文章である。

もう二ヶ月待てばあなたは帰って来る。もう会えるのだとおもっても私はその二ヶ月をどうしても待てない。私の力で及ぶことならばすぐにも呼びよせたい。行って会いたい。けれども、もう二十二年の間、私は何一つとして私のおもった通りになったことは一つもない。私の短い二十三年の生涯に一度として期待が満足に果されたことはない。それは本当に不思議なほどです。私はいつだってだから諦めてばかりいます。またあきらめなければなりませんのです。あなたに会うこともできません。私は本当に弱いのです。私は反抗ということをまるで知りません。私のすべてはただ屈従です。人は私をおとなしいとほめてくれます。やさしいとほめます。私がどんなに苦しんでいるかも知らないでね。

（伊藤野枝「遺書の一部より」『定本 伊藤野枝全集 第一巻』學藝書林、二〇〇〇年、一一九頁）

きっと、伊藤は自分がお見合い結婚させられそうになったときのことをおもいだしながらかいていたのだろう。好きな相手といっしょになることもできない。わがままになって、そうしてしまえばいいのにどうしてもそこにふみきれない。習慣になってしまったからか、無意識のうちにまわりに気をつかって、いいひとの役割を演じてしまう。よき娘として、よき先生として、そして将来のよき妻として、母として。この役割をこなしているあいだは、まわりはみんなほめてくれる。おまえはいいやつだと。でも、そんなの屈従でしかない。だって、好きなことなんてなにひとつできないのだから。いや、この恋だけはとおもっていたのに、それさえもまわりに気をつかって自主規制してしまった。自分のからだを自分でつかうこともできやしない。苦しい、苦しい。

善とか悪とかいうのもみんな人間の勝手につけた名称でしょう。ああ、私はもう止めます。まっくらになりました。何だかすべてのことのケヂメがわからなくなります。私は今私の考えていることが一番正しく本当であることを信じてその通りを行います。私はよわいけれどぐちはこぼしません。あなたもそれを肯定して下さい。私の最後の処決こそ私自身の一番はじめの、また最後の本当の行動であることをよろこんで下さい。私のその処決がはじめて私の生きていたことの本当の意義をたしかにするのです。私は私の身をまた生命をしばっている縄をきると同時に私はすべての方面から一時に今までとり上げられていた自由をとり返すのです。どうぞ私のために一切の愚痴はいわないで下さい。

（前掲書、一二一頁）

　これ、どういうことかというと、自殺しかないということだ。これまで奴隷というか、他人の所有物としてあつかわれ、生殺与奪の権をにぎられていた人間が、さいごの一手として、その権利をとりもどす。自由だ。自分の生死は自分できめる。自分を自分で殺すということは、この世に自分が生きていたあかしをしめすということだ。直接行動とよばれるものが、自分のことは自分でやるということを意味しているのだとしたら、ある意味で、その究極の手段ともいうことができるだろう。たぶん浮舟がやっていたのは、こういうことなのだとおもう。とはいえ、ほんとうに物理的に死んでしまうのはもったいない気がする。浮舟が、薫の君をいたい目にあわせてやったのだって、けっきょくはお坊さんにひろわれて生きていたからだ。だいたい、自殺しようとおもったのだって、家庭だのなんだのにしばられない、生の快楽をしったからだろう。いちどその快楽に酔いしれれば、なんどでもなんどでももとめてしまう。もちろん、そこに罪悪感をおぼえさせる因習をふりはらいたいからこそ、自殺におよんだのかもしれないが。

自分の生命をしばっている人間の縄をたち切るのだ

　ほんとうのところ、自殺をするにしたって、人間というものが支配欲や所有欲をもつ存在なのだとしたら、自分の心にやどるその人間を殺せばいいだけなのかもしれない。出家とか。山にこもったっていいし、放浪の旅にでたっていい。いまだったら、ちょっと部屋にでもひきこもればいいだけだろう。よき娘としての自分、よき先生としての自分、よき妻としての自分、よき母としての自分。そういう自分たちを殺すのだ。自我の棄脱。大杉だったら、ゼロになるということばをつかうだろうか。でもまあ、どんないいかたをするにしても、文字どおりひとが死をえらぶことによって、まわりの人たちの心に火をつけたり、なんらかの行動に駆りたてたりすることがあるのはたしかだ。ちょっと、この文章をよんでくれている人たちに自殺をおすすめしたいわけではないので、まどろっこしいいいかたになってしまってもうしわけないが、意をけっしてみずからの命をふり捨てた人たちには敬意をはらいたい。それはれっきとした直接行動なのだから。

さて本章は、わたしが失恋つづきでどうしたらいいか、恋愛の神様たちにご意見をうかがってみるというところから出発した。結論が自殺までできてしまったが、これでだいじょうぶだろうか？　そういえば、わたしは相手のコから「消えてなくなれ、死ね、死ね」となじられていた。きっと、わたしがやるべきことは、そういうことなのだろう。恋愛、結婚、家庭。カップルにうえつけられた役割が、男女を問わず、ひとというひとをしばりつけ、しかもその役割をこなすことが人間らしいことだといわれているならば、わたしは自分のなかの人間をすこしずつ殺していくしかないのだとおもう。どんな手をつかったっていい、自分の生命をしばっている人間の縄をたち切るのだ。美は乱調にあり。愛の奔放な力をぶちまけろ。わたしは、ひとでなしの機械になりたいとおもう。家庭はいらない、セックスがしたい。ああ、習俗打破！　習俗打破！

第五章　テロリズムのたそがれ

――「犠牲と交換のロジック」を超えて

賽の河原に橋架けて、他力を杖に数珠繋ぎ、
　　淫道渡す、フレエーフレエー経怪師、
アバヨ、アーメン、なんまいだ、掘る穴ニツ
（中浜哲「髑房小景」）

恐怖による統治

　さいきん、テロリズムということばが世間をにぎわせている。二〇一五年一月、後《ご》藤《とう》健二《けんじ》さんと湯川遥菜《ゆかわはるな》さんのふたりがイスラム国に人質にとられ、殺害されたからだ。この件にかんして、日本《にほん》政府の対応のひどさもめだっていて、そういうのも物議をかもしていたが、そればかりじゃない。インターネットで配信される映像が、けっこう衝撃的だったのがでかい

とおもう。なんといえばいいのだろう。けっしてうまいつくりではない。イギリス人の兄ちゃんが覆面をかぶってでてきて、ナイフをくりくりとまわしながら「カネをださないと殺しちゃうぞ」みたいなことをいっている。あれ、冗談なのか？　でも、日本政府が交渉する気はないとわかると、また覆面の兄ちゃんがでてきて、後藤さんの首元にナイフをつきつけ、声明をよみあげている。「このナイフは後藤健二を殺すだけではない。日本人どもよ、おまえらはいつどこにいても殺されることになる。日本の悪夢がいまはじまる」。ドスのきいたフレーズだ。そして、後藤さんは首をおとされた。

その後もたてつづけに、むちゃくちゃな映像がながれてくる。ヨルダンのパイロットがまるで獣のように生きたまま燃やされていたり、ほかの国の人質も二十数人が海辺にならべられ、いっせいに処刑されたりしている。なんなのだろう。どう表現するのがいちばんいいのかわからないが、なんだか現実じゃないみたいだ。ひどい、かわいそう、残虐だとおもえる一方で、映画みたいだともおもえてしまう。ひとが殺されているので不謹慎かもしれないが、インターネットでながれてくる映像にしても、よみあげられた声明のフレーズにしても、ドラマや映画みたいなのだ。そしてほんとうにそうだったら、ただカッコイイといっていられるのに。きっと、そんなカッコよさに感化されて、イスラム国にはせ参じた若者とかもいるのだろう。でも、それでもやっぱりおもうのは、わたしはこの演出のしかたには違和感をおぼえるというか、ちょっとハナにつくということだ。どんな大義があるにしても、国家や国家をつくろうとする武装集団が情報戦略というか、プロパガンダをうっているとおもうと、どうしてもうさんくさくてムカついてしまう。

イスラム国が人質を殺害する。恐怖のイメージを氾濫《はんらん》させ、恐怖でひとをしたがわせる。あるいは、それができると誇示することによって、いっしょにひとを支配しようじゃないかと、自分の国にひとをまねきよせる。いずれにしても、国家の動員力が増している。いまそういうのがテロリズムとよばれているわけだが、ようするにやっていることは、ひとがひとを支配するということだ。もちろん、イスラム国は、カネも軍事力もある国々からおもいきり空爆されてひとが殺されまくっているわけで、それに対抗するために人質殺害という手を講じているのだとおもうが、みえかくれするのは、そういう軍事的な側面ばかりじゃない。国家がひとをしたがわせるために、あるいはしたがうことがよいことだとおもわせるために、テロリズムをもちいているということだ。テロリズム。それはもっとも効果的な統治手段である。

テロ対策は国家によるテロリズムである

しかし、よく考えてみると、これってイスラム国だけじゃなくて、どんな国家もやっていることなんじゃないだろうか。征服国家という考えかたをおもいだしてほしい。国家というのは、支配集団がひとの生殺与奪の権をにぎるところからはじまっていた。八つ裂きにされたくなかったら、われわれにしたがえ、奴隷としてはたらけ、そうすることがよいことだと。原子力国家というのもおなじことだ。原発が爆発したらみんなが死ぬよ、テロリストにのりこまれたらおしまいだよと恐怖をあおって、それがいやだったらわれわれにしたがえとかいってくる。テロ対策の名のもとに、市民の監視でも暴力の行使でも、警察はなんでもやりたいほうだいだ。これ、いまでは一般化しているようにおもわれるが、テロ対策というのは、いってしまえば国家によるテロリズムなのである。あらゆる国家の根っこには、恐怖による統治がある。

　じゃあ、テロリズムというのは、国家や国家をつくりたいとおもう人たちがやるものであって、ただ反対するといっていればいいのかというとそんなことはない。たとえば、これは九・一一直後におおかったのだが、反戦平和のデモにいったりすると、まるで踏み絵をふまされているかのように、デモ主催者が「わたしたちはテロリズムに反対です」といったりしていた。わたしはさいきん、あまりデモにいっていないのだが、もしかしたらいまもそうなのかもしれない。というか、デモをやっているときばかりじゃない。わたしがアナキズムを研究しているせいか、しらないひともふくめて大勢で飲みにいったときに、中高年の活動家にからまれて、「アナキズムをやっているということは、きみはテロリストなんですね」とか、意味のわからないことをいわれたこともあった。ムムムッ。そういう悪意のあることばに接したとき、わたしはいつものクセで、へらへらと笑ってなにもこたえようとしないのだが、またそれが相手の怒りをさそってしまって、「ほら、やっぱりきみはテロリストなんですね」とかいわれたりする。めんどくさい。

なにがいいたかったのかというと、「テロリズムに反対ですっていえ」みたいなひとがあらわれたら、そのひとには気をつけましょうということだ。やいのやいのとなんくせをつけてきて、あれやっちゃいけない、これやっちゃいけないと、ミミっちいことをいってくる。そういう人たちのなかにいると、だいたい気づいたら、デモのさいちゅうに警官とケンカをしただけで、そのひとをテロリストあつかいするようになっていたりする。あらゆる暴力は潜在的にテロリズムにつながるとか、そういうムチャなことをいいはって。こういえばいいだろうか。国家でもないのに、テロ対策をやろうとするのはやめましょう、国家のミニチュアになってはいけない、と。

しかし、ここでやっぱり考えておかなくてはいけないのは、テロリズムって、いったいなんなのだろうということだ。国家を志向するテロリズムというか、統治の手段としてのテロリズムだったら、いらないということでことがすむとおもうのだが、たぶんそれだけじゃない。デモでもなんでも、「テロリズムに反対です」といわされることによって、ひとが自由に行動する余地がせばめられてしまう。ということは、テロリズムのなかにもうすこしべつの要素がふくまれているということだろうか。それはなんなのか。正直にいうと、わたしが中高年の活動家にからまれたのにはわけがあって、テロリズムという行為を世にしらしめたのは、一九世紀のアナキストたちだったりする。かれらのやっていたテロリズムは、いま考えられているものとはべつのものだったのだろうか。それとも、やっぱりおなじなのだろうか。それから日本ではどうだったのか。一九一〇年の大逆事件についてはすでにふれたが、じつは一九二三年、大杉栄《おおすぎさかえ》が殺されたあと、その復讐戦《ふくしゅうせん》と称して、アナキストたちがテロリズムを決行している。ちょっと、そんなこともふくめて、かんたんにテロリズムの歴史をおってみることにしよう。

ガイ・フォークスをとりもどせ

いま手元にチャールズ・タウンゼンド『テロリズム』（岩波書店、二〇〇三年）がある。テロリズム研究の入門書だ。この本によれば、テロリズムという概念がうまれたのは、フランス革命直後のことである。フランス革命によって成立した共和国は、他国からの侵略におびやかされ、さらには国内でも反乱になやまされていた。とくに一七九三年は、ほんとに危機的状況におちいっていたらしく、共和国は祖国をまもるために国民総動員令をはっし、さらには国内に恐怖政治をしくことを宣言した。なかでも、ジャコバン派のロベスピエールが、公安委員会の実権をにぎり、王室や貴族、そればかりじゃなく、いうことをきかない連中をバシバシとギロチンにかけていったことは有名である。一説によれば、パリだけでも二六二五名ものひとが首を切られたという。血の海だ、おっかない。この恐怖政治をへて、一七九八年に、アカデミー・フランセーズという学術団体が、テロリズムという用語の定義をおこなった。それが「恐怖のシステム、体制」という意味だ。恐怖による統治のことだといってもいいだろう。

じゃあ、なんでそんな統治がまかりとおったのかというと、フランス革命の闘士たちは合理的な理性にもとづいて、万人のためになる社会秩序をきずこうとしていたからである。その崇高な大義のために、旧来の社会秩序をぶっ壊したのであり、それ以外ではぜったいにありえない。でも、それなのに、あたらしい社会秩序にしたがわない連中がどんどんでてくる。緊急事態だ。ではどうしたらいいかというと、殺すしかない。万人のためには、多少なりとも血をながすのはいたしかたないことだ。自由、平等、友愛。ただしい社会秩序のために、異端分子を排除しよう。社会の浄化、ギロチンだ。みせしめとして無法者をぶち殺し、殺されたくなければおまえらしたがえようとうったえかける。恐怖政治だ。さきにも述べたように、こういうテロリズムは、国家がもっともとくいとする統治手段であり、圧倒的な恐怖のもとに、ほんらいいかようでもありうるはずの、人びとの暴力をふるう力をうばいとってしまう。国家のテロリズムは、あばれゆく力を独占するさいたる手段なのである。

そう考えると、やはりテロリズムは国家の専売特許なのだろうか。権力者たちが人民を統治するためにつくりだした手段にすぎないのだろうか。はっきりいっておきたいとおもう。そんなことはない、と。テロリズムという用語が政治的概念としてもちいられるようになったのはジャコバン派の恐怖政治からかもしれないが、ひとが大義をかかげ、血をながしてでも世のなかをかえようとする行為は、ずっとまえから、それこそ個人によっておこなわれてきた。たとえば、ヨーロッパであれば、ガイ・フォークスとかが有名だろう。もしかしたら、日本ではこの名前だけだと、だれだよというひとのほうがおおいかもしれないが、二〇〇五年に映画にもなったコミック『Vフォー・ヴェンデッタ』の主人公がかぶっていた仮面だとか、いまだったらハッカー集団、アノニマスのトレードマークになっているひとだとか、アメリカのオキュパイ・ウォールストリートのとき、みんながかぶっていた仮面だといえば、わかるんじゃないかとおもう。

ガイ・フォークスは、一六〇五年一一月五日、イギリスのウェストミンスター宮殿にしのびこみ、ときの国王ジェームズ一世を爆殺しようとしたことでしられている。宮殿の地下に身をひそめ、火薬の樽《たる》に火をつける機会をうかがっていたが、あともうすこしというところで、バレてつかまってしまった。どうもガイ・フォークスは、熱心なカトリック信者だったらしく、ジェームズ一世がプロテスタントを庇護《ひご》し、カトリックを弾圧していたことに憤慨してその行為におよんだのだという。逮捕され、翌年には大逆罪で処刑されている。このときの処刑のされかたは、ほんとうにすごくて、首をつられ、そのあと内臓をえぐりとられて、さいごには四つ裂きにされたそうだ。こわすぎる。死後、ガイ・フォークスは、国家からはとんでもない極悪人としてあつかわれたのだが、民衆のあいだでは、信仰の自由をもとめてたたかった英雄としてひそかにたたえられることになった。そんなこともあって、もちろん映画やコミックの影響もあるのだろうが、現在では匿名と抵抗のシンボルとして、その名をしられている。

ようするに、自分の信念のために、大義のために、相手の命をうばいとるという行為は、国家の専売特許ではなかったということだ。いまふとおもったのだが、日本だって明治維新くらいまでは、維新の志士だとか、革命の闘士だとかいう人たちは、そのくらいやるものだとふつうにおもっていたんじゃないだろうか。むしろ、そういう力を国家が横領したというか、国家が独占するようになって、テロリズムということばがもちいられるようになったといってもいいだろう。ともあれ一八世紀末、すくなくともヨーロッパでは、テロリズムは恐怖政治を意味することばとして、ひろくしれわたることになった。このままではいけない。このままでは、人びとはただ生きのびるだけの、奴隷の生をいかされるだけの存在になってしまう。生きたい。生殺与奪の権利をとりもどし、おもうぞんぶん自分の力を発揮できるようにしたい。どうしたらいいか。かんたんだ。ガイ・フォークスをとりもどせ。もちろん、そんなことばがもちいられたわけではないのだが、そういうことを意図して、ガチンコで国家にはむかいはじめたのが一九世紀のアナキストたちであった。

アナキスト、バクーニン

一九世紀末、世界各地でアナキストのテロリズムがまきおこった。きっかけをつくったのは、ミハイル・バクーニン。蜂起《ほうき》のよびかけだ。「はあ？」とおもったひともいるかもしれないが、蜂起というのは、幸徳秋水《こうとくしゅうすい》がいっていたインサレクションのことだといえば、すこしわかりやすくなるだろうか。わすれちゃったというひとは、かるく第一章をペラペラとめくってもらえたら、すぐにおもいだしてもらえるんじゃないかとおもう。さて、バクーニンはいわずとしれたアナキストだが、いがいとどんなひとかしらないひともおおいとおもうので、まずはそこからかんたんに紹介してみよう。バクーニンは、一八一四年、ロシアのトヴェエリ州プリャムヒノというところで生まれた。かなりの田舎らしい。いちおう貴族の長男で、幼少期はなに不自由なくそだてられた。そして貴族の家ではどこもそうらしいのだが、バクーニンは長男だったということもあって、成人するまえから軍人になるための教育をうけさせられた。でも、二〇歳前後から哲学にめざめてしまい、どうしても勉強がしたくなってしまう。バクーニンは、仮病をつかって軍隊を除籍にしてもらい、モスクワにでることにした。

モスクワにでたバクーニンは、スタンケヴィッチという詩人のサークルにはいり、おもにドイツ観念論をまなんだ。そのサークルのつどいで、ゲルツェンとかいろんな知識人とであっている。もっと勉強がしたい。ドイツ観念論の本場にいってみたい。でも、カネがない。バクーニンは友人たちにたのみこんでカネをつくってもらい、一八四〇年、ベルリンに旅立った。ベルリンにでると、おもしろそうな、そしてあたらしい思想がみちあふれていた。そして、そのほとんどが左派思想だ。マックス・シュティルナー、プルードン。はまりまくって、気づけばアナキスト。その後、バクーニンはドイツをはなれて、スイスやフランスをまわり、いろんなアナキストや共産主義者と親交をもつ。プルードンやマルクスにもあっている。でも、チューリッヒであったドイツの共産主義者が、しばらくして逮捕されてしまうのだが、そのひとがもっていた手紙にバクーニンの名前がたくさんでてきたこともあって、バクーニンはロシア大使館から帰国を命じられることになった。とうぜん無視だ。バクーニンはロシアで欠席裁判にかけられ、シベリア追放の判決をうけた。こりゃあ、逃げるしかない。

そうこうしているうちに、一八四八年。ヨーロッパ各地で民衆蜂起がまきおこった。いわゆる一八四八年革命である。バクーニンは、一八四九年五月におこったドイツのドレスデン蜂起にくわわっている。たまたま滞在していた都市で、民衆が蜂起しているということをしって、もうまっていましたというところだろう。われをわすれ、夢中になってプロイセン軍とたたかった。バリケードをはり、ひっしに応戦するもあえなく敗退。数名の生存者とともに、逃げのびようとしていたところを逮捕された。バクーニンは、その地で死刑判決をうけるが、いちおうロシア人ということもあって、本国に移送されることになった。その後、アレクサンドル二世の恩赦により、シベリアに無期流刑となる。シベリアにいくまえの獄中生活は、ほんとうにきびしいものだったらしく、バクーニンは壊血病というのにかかって、歯がぜんぶぬけおちてしまったそうだ。しかし、シベリアの流刑地は、獄中にいるというかんじではなく、けっこう自由にふるまうことができたらしくて、フランス語をおしえていたポーランド人の商人の娘と結婚したりしている。なんかたのしそうだ。その後、一八六一年、バクーニンはシベリアを脱出。ウソにウソをかさねて、ニコライエフスク港からアメリカ船にのり、日本を経由してアメリカにわたった。そこからロンドンにいき、ふたたびヨーロッパにおもむいて革命運動に奔走する。

マルクスと論争する

一八六三年、バクーニンはイタリアにむかった。すでに一八四八年革命の英雄として、その名をしられていたバクーニンは、イタリアのアナキストから熱烈な歓迎をうけた。しばらくフィレンツェにとどまり、小グループを形成していく。このころから、国際組織をつくることに関心をもちはじめたらしく、一八六七年からは自由主義者の国際会議である「平和と自由のための会議」に出席している。とくにしらべなくても意見があわないだろうくらいにおもうのだが、期待をうらぎらず、ほんとうにそうだったらしい。バクーニンは、はじめからあらゆる国家の廃絶をうったえかけたらしく、自由主義者たちから非難囂々《ごうごう》だったそうだ。翌年の会議でもおなじようなかんじだったため、仲間をひきつれて脱会することにした。でも、ただじゃおわらない。バクーニンは、そのメンバーで国際社会民主同盟を結成した。アナキストによる国際組織のひな型みたいなものである。バクーニンたちは、一年間かけてこの組織をおおきくすると、翌年には、マルクスたちのインターナショナル（国際労働者協会）にくわわっている。ちなみに、インターナショナルからは参加の条件として、国際社会民主同盟を解散することを要求されたため、しぶしぶそうすることにしたそうだ。

それからしばらくして、バクーニンは、マルクスとインターナショナルの基本方針をめぐって、論争することになった。そりゃそうだ、ふたりの考えかたがまるでちがうのだから。マルクスが、とくに工場労働者のための中央集権的な国家をつくろうとしていたのにたいし、バクーニンは、国家そのものを廃絶しようとしていた。でも、決着がつかないうちに、フランス各地で民衆蜂起がおこった。一八七〇年九月、ナポレオン三世ひきいるフランスがプロイセンと戦争してかんぷなきまでに敗北し、皇帝自身も捕虜になったことがきっかけである。第二帝政の崩壊だ。このときバクーニンは、パリコミューンの先駆けになったリヨン蜂起にくわわっている。一八七〇年九月一五日、リヨンにのりこんだバクーニンは、フランス救済委員会という団体をつくり、官営工場で賃下げがなされそうになっていることを指摘し、これに反対した。そのこころみが市民の支持をうけていることをしると、調子にのったバクーニンは、つぎのような声明をだしている。

・国家を廃止すること
・国家をコミューン連合におきかえること
・人民裁判を確立すること
・税金を廃止すること
・借金を帳消しにすること

わたしなどからすると、よしとおもってテンションがあがってしまうのだが、リヨンの市議会からしたら、そんなムチャなというはなしだったろう。その後、けっきょく工場の賃下げがなされたことで、九月二八日に暴動がおこる。バクーニンたちは、群衆のあとおしをうけて市役所におしいり、建物を占拠して臨時政府を樹立した。でも、そこにすかさず、相手側の軍隊が攻めこんできて、こんどは群衆がけちらされ、建物をうばいかえされてバクーニンもつかまってしまった。市役所の地下室に監禁され、これはもうダメかとおもったところをアナキストたちによって奪還された。いったんマルセイユに身をかくし、そこからイタリアに逃げのびた。

そんなことがあったのち、一八七二年にハーグでインターナショナルの大会がひらかれた。おもな議題はバクーニンの除名である。マルクスが率先してよびかけたらしい。もともと、バクーニンたちがインターナショナルにはいる条件として、国際社会民主同盟を解散するというのがあったはずなのに、スペインで同盟員が活動している。それが除名の理由だというのである。根も葉もないでたらめだ。バクーニンは欠席のまま除名され、これを不服とするアナキストたちも、みんな脱会することにした。このアナキストたちは、スイスのジュラ地方にむかい、サンティミエという都市で、アナキストのインターナショナルをつくることをきめた。これがのちに「反権威主義インターナショナル」とよばれる。バクーニン自身は、このころから体調をくずしたということもあって、この活動にはあまりかかわっていない。

さて、バクーニンさいごの活動は、一八七四年のボローニャ蜂起である。そのころ、バクーニンはあずかっていた活動資金をかってにつかったりして、イタリアのわかいアナキストたちから責めたてられていた。どうもほしかったのかなんなのか、別荘を買ってしまったらしい。バカすぎる。そういうこともあって、バクーニンはもう死んでやるといわんばかりに、ボローニャで計画されていた武装蜂起に参加した。しかし、ひどいのはこの蜂起、流産してしまったことだ。蜂起のにおいを察知されたのか、やたらと警察の目が光っていることをみて、計画していた者たちは早々に逃げだしてしまった。バクーニンは、ひとり武器庫を襲撃しようとおもってまっていたのだが、だれもこない。しばらくして、計画中止のしらせをうけて絶望する。マジかよ。自殺しようとおもったが、まわりにとめられて、とりあえず逃げだすことにした。逃げるからには、ほんきである。エクソダス。ヒゲをそりおとし、歳をとった牧師のかっこうをして、タマゴのはいったカゴをかかえながら、ヨボヨボ歩きをして街を脱出した。散々だ、かわいそうに。それからスイスにいき、一八七六年七月、ベルンの病院で亡くなった。まあ、結果はどうあれ、さいごまで蜂起に燃えていたひとだといってもいいだろう。

ヴ・ナロード

じゃあ、そんなバクーニンが考えていた蜂起とは、いったいなんだったのだろうか。バクーニンは、一八六八年からロシアのナロードニキにむけて、「人民の事業」というパンフレットを発行し、みずからの蜂起の考えかたをしめしている。また一八七三年には、ナロードニキの活動方針をめぐって、おなじく亡命ロシア人のラブロフと論争したりしていて、その文章のなかで、かれの農民運動論がうちだされている。なので、すこしその内容をみながら、バクーニンの蜂起論を紹介していきたいとおもう。

まず、ナロードニキということばをつかったが、ナロードというのは、ロシア語で人民という意味であり、当時、めちゃくちゃ虐げられていた農民たちをすくうために、ヴ・ナロード（人民のなかへ）をかかげて、農村にはいっていったわかいインテリたちのことをナロードニキという。一八六一年、ロシア皇帝のアレクサンドル二世は農奴解放令をはっしたが、それまで農奴とよばれていた農村の奴隷たちは、その身分からは解放されたものの、けっきょくおなじような、いやそれ以上の奴隷状態を強いられることになった。奴隷ではなくなったものの、耕している土地を手にするためには、地主にカネをはらわなければならなかったため、それができない者たちはたんに土地を追いだされるか、そうでなくても地主に多額の借金をすることになってしまったのである。ひどいはなしだ。そういうのに憤慨したロシアのインテリたちが、農村にはいっていく。なかでも、一八六一年に結成されたグループが「土地と自由」（第一次）だ。バクーニンは、そこにあつまっている若者たちにむけてパンフレットをだし、なにをなすべきかを説いた。では、なにをいっていたのかというと、ちょっとびっくりするようなことをいっている。

「人民は学ぶ必要はなく、彼らは火さえつければすぐにも燃え上る状態にある。従って、彼らのなかに入ってゆくのは、煽動のため、彼らのあいだに一揆を誘発するためだ」

（旭季彦『ナロードニキ――運動とその文学』新読書社、一九九一年、七四頁）

いやはや、わかりやすい。わかりやすすぎてだいじょうぶかと、ちょっとききかえしたくなってしまうくらいだ。まあ、これはライバルだったラブロフとのちがいを強調してのことだが、ラブロフが人民、つまりは農民のなかにはいっていって、かれらの無知を改善することからはじめよう、教育活動からはじめようといっていたのにたいし、バクーニンはそんな必要はない、人民はまなぶ必要なんてないんだといっているのである。ふだん、抑圧されている農民たちは、もうそれだけで革命的潜在性をもっている。地主だか、皇帝だかしらないが、とにかくムカつく、ぶっ殺したい。みんなそうおもっているのだから、あとはその心に火をつけて、燃えあがらせればいいだけだ。人民のなかへ。そして、煽《あお》りまくれ。ロシア全土にわたる総一揆をまきおこせ。バクーニンがいっていたのは、そんなところだ。
とはいえ、その煽動《せんどう》というのはどういうことなのか。どういうところにポイントをおいて、農民を煽れといっているのだろうか。バクーニンは、ロシアの農民についてこんなふうに述べている。

「『土地、あらゆる土地は、それをみずから額に汗して、耕やし、みずからの労働で、肥沃にする人民に属している。更に、土地を利用する権利は、個人に属しているのではなく、土地を諸々の個人のあいだに一時的に分配して、耕作させるところの農村共同体全体に属している』というのが、ロシア人の全人民的確信である」
(前掲書、七五頁)

これ、いっていることはすごくかんたんで、あらゆる土地はそれを耕す人びとのものであるということだ。そして、それを前提としたうえで、それぞれの土地は個人が所有するものではなく、農村共同体に属するものであるとしたほうがいいとした。場所によって、農産物のとれだかはかわってくるわけだから、定期的に土地を交換できるようにしたほうが結果的に平等になる、だれもがそうおもっているというのである。でも、ふだんからそうおもっているはずなのに、なかなかそれがおもてにあらわれてこない。なぜか。それはロシアの農村共同体にみられる因習主義のためであり、皇帝にたいする信仰、つまり絶対的信頼のためである。

農村では、個人の自由なんてみとめられておらず、村をぎゅうじっている地主たちにしたがうのがあたりまえとされてきた。上からいわれたことにしたがうのがあたりまえ、そうすればいざというときに庇護してくれるし、そうしなければ、ひとじゃないようなあつかいをうけたり、村から追放されたりしてきた。逆にちゃんとしたがっていれば、おまえは素朴でいいやつだとほめてくれる。そして、たちがわるいのは、この発想が国全体までひろがっていて、皇帝にたいする信仰とむすびついていることだ。ほんとうのところ、皇帝なんて農民がどんなにこまっていても、税をむさぼるだけでなにもしてくれたりはしないのに、神みたいなエラいひとなのだから、ぜったいに自分たちを救済してくれる、うたがってはいけないとおもわされてきた。奴隷根性だ。その奴隷根性のために、農民は、どんなにひどい目にあったとしても、それにしたがうのがあたりまえだとおもってしまうというのである。地主さま、皇帝さま、なむあみだぶつ。

どうしたらいいか。こたえはもうでていて、農民を奴隷根性からときはなてばいいだけだ。バクーニンは、それを煽動といっているのである。きっと、やりかたはいくらでもあるのだろう。皇帝なんてたいしたことないんだと吹聴《ふいちょう》してやるのだっていいわけだし、ロシア各地で、あるいは世界各地でたちあがっている人たちの情報をしめし、自分たちの力で自分たちのことを変えられるんだとしらせてやるのだっていいわけである。もしかしたら、バクーニン自身がやっていたように、ちょっと暴動でもおきそうなところがあったら、じっさいにそこにはいっていって、みずからすすんで権力者をうちのめそうとたたかうのでもいいのかもしれない。エラそうにふんぞりかえっている権力者なんて、なんぼのもんだとしめせればいいのである。まあ、たいていは返り討ちにあって銃殺されたり、つかまって処刑されたりと、メタメタにやられてしまうのであるが。たぶん、そこまでやるとするならば、身を賭《と》して、死ぬ気でやるしかないのだとおもう。

「行動による宣伝《プロパガンダ》」は、下から怒りの炎をたきつける

これがバクーニンの蜂起のよびかけだ。いまみてきたのは、ロシアの農村にむけてのことばであるが、都市もふくめると、一揆ばかりじゃなく、暴動をもとめていた、というかそれ

を煽動しようとしていたといえるだろう。でも、このよびかけはバクーニンの意図をこえて、わかいアナキストたちによって、さらにエスカレートしてもちいられていくことになった。テロリズムである。すでにバクーニンは亡くなっていたが、一八七八年、ナロードニキの地下組織として、「土地と自由」（第二次）が結成された。当初、そのおおくがバクーニン派のアナキストであった。そのアナキストたちが、徐々にテロリズムに身をとうじていくことになる。

なぜそうなったのかというと、それはかれらがバクーニンのいう一揆の煽動をしようとしたが、あまりうまくいかなかったからだ。いざ農民をあおろうとしても、青白いインテリがやってきて、いくら皇帝の悪口をいったたって、ふつうききやしない。あやしまれてたたきだされたり、警察につきだされたりするのが関の山だ。一揆にくわわるにしたって、いつどこでおこるのかなんてわかりはしない。でも、テロリズムはちがう。身ひとつでたちあがれば、だれでもやれるのだ。ピストル一丁、爆弾一個、あればいい。ひょろひょろした青年でも女性でも、というか、そういう人たちのほうがあやしまれずに、権力者のふところにはいれたりする。警察のお偉いさんでも皇帝でも、ふつうのひとがたおせてしまう。もちろん、テロリズムを決行したひとは、その場で殺されるか、つかまって処刑されるだろう。でも、その行為をつうじて、農民たちに権力者なんてたいしたことないんだとつたえたり、自分たちの力で自分たちのおかれている環境を変えることはできるんだということをしめしたりすることはできる。農民たちを奴隷根性から解放しよう。ほんとうにそれができたかどうかはべつとして、ナロードニキの意図はそういうところにあったのだとおもう。

そこからさらに、翌年の一八七九年、「土地と自由」（第二次）は、おもな活動目的をテロリズムにしようといって会合をひらいた。じつはこのとき、アナキストたちはいやいやそれはちょっとちがうでしょうといって反対したそうだ。結果は分裂。アナキストは「黒土分割派」というのを結成し、おもだったメンバーは「人民の意志」を結成して、要人の暗殺、とりわけアレクサンドル二世の暗殺に奔走することになった。「人民の意志」は、なんどもなんどもテロリズムを決行し、失敗しては仲間たちをうしなっていった。でも、そこはもう執念だ。一八八一年三月、さいごはペロフスカヤという女性闘士ひきいる一派が、みごとアレクサンドル二世をうちとった。ひとりが爆弾をなげて、皇帝が逃げようとしたところに、すかさずもうひとり爆弾をもった青年がつっこんでいった。自爆だ。すごすぎる。とうぜん、暗殺を決行したメンバーはみんなつかまり、翌月には首をつられている。でもその後、権力の弾圧ははげしくなり、「人民の意志」は一八八三年までに壊滅させられてしまった。

さて、おもしろいのはときをおなじくして、ロシアばかりじゃなく、ヨーロッパでもアナキストによるテロリズムが続発したことだ。「人民の意志」の行動のすこしまえ、一八七六年に、イタリアのアナキストであるエンリコ・マラテスタが、つぎのような声明を発表した。

イタリア連合は、社会主義の原理を行動によって確認するための暴動的行為は、宣伝の最も効果的な手段であると信じる。

（ジョージ・ウドコック『アナキズムII』白井厚訳、紀伊國屋書店、二〇〇二年、一三二頁）

この声明が、ヨーロッパ各地のアナキストにとりあげられ、いわゆる「行動による宣伝《プロパガンダ》」としてひろくしれわたることになった。もともと、マラテスタが意図していたのは、バクーニンとおなじことだ。むしろ、それをより簡潔にしたといってもいいだろう。農民もふくめて、あらゆる人びとを奴隷状態から解放するためにはどうしたらいいか。それは暴動や一揆をひきおこすことであり、一人ひとりがみずからの力でみずからのおかれた立場を変えることができると確信をもつことだ。あとはそれを煽動し、ひろめていけばいい。そして、そのさいたる手段が行動そのものであり、ひとがじっさいにたちあがることだと考えられた。決起せよ、それこそがもっとも効果的なプロパガンダであると。やがて、その行動のイメージが暴動や一揆よりもテロリズムに集中していくことになる。これはロシアとおなじような理由だろう。イタリア、フランス、スペイン、そしてアメリカでテロリズムがジャンジャンおこる。

ちなみに、宣伝《プロパガンダ》というと、国家による上からの情報のたれながしというイメージがつよいんじゃないかとおもうし、もしかしたらジャコバン派がやっていたような恐怖政治というのは、そういうものだったのかもしれない。恐怖で人びとを震撼《しんかん》させ、そのイメージというか、情報をもとにああやって生きろ、こうやって生きろ、そうするのがよいことだといって、人びとをしたがわせる。ああいわれたら、こううごけという指令の情報回路をつくりだすのが、プロパガンダというものだとしたら、いま一般的に考えられているプロパガンダというのはそういうものだろう。でも、マラテスタがいっていたプロパガンダというのは、ちょっとちがう。むしろ、上からの情報回路をたちきるというか、下から怒りの炎をたきつけるというかんじである。人びとの感情をゆりうごかし、怒りの共鳴作用をひきおこしていく。まあ、やっていることは単純で、民衆のケツをたたいて、ハッパをかけるというくらいのことだ。

蜂起の二大原理

ちょっと、せっかくここまでみてきたので、あらためて整理しておいてもいいとおもうのは、蜂起とはなにかということだ。バクーニンは、一揆や暴動のことだといっていて、そこにはテロリズムもふくまれると考えられていた。たぶん、ここからもうすこしひろげて考えることができて、第三章でみたように、大杉栄は米騒動のような暴動をみて、これはすごいとおもい、そこでつかみとったイメージからストライキ論を展開したりしていた。だから、蜂起とよばれる行動の幅はけっこうひろくて、でも、その行動のあいだには、まちがいなくふたつの基本原理が共有されている。わたしは、それを蜂起の二大原理とよんでおきたいとおもう。

（一）ゼロになること
（二）共鳴をよびおこすこと

（一）は、わが身をかえりみずにたちあがるということだ。自分のためでも、他人のためでも、これをやらなければとおもったら、もうなにも考えずに損得ぬきでやってしまう。それでわが身が破滅してしまったとしても、文字どおり死んでしまったとしても、である。ふだん、ひとは労働者とか、農民とか、消費者とか、市民とか、夫とか、妻とか、いろんなアイデンティティをせおって生きていて、そのなかで社会的地位をあげようと努力している。たとえひどい目にあわされたとしても、それは自分の努力がたりなかったからだとおもいこむ。がんばれ、自分。そうしていれば、まわりのひとから、おまえはいいやつだとかいってもらえる。いいね、いいね。まわりに評価してもらうために生きている。それは、ヴァネーゲムが生きのびることとよんだものであり、大杉が奴隷根性とよんだものである。自分のことを自分でできない。あばれゆく力がおさえこまれている。

　でも、ほんとうのところ、自分がしんそこひどい目にあったり、まわりがひどい目にあわされたりしていたら、どうしようもないほど義憤に駆りたてられて、アイデンティティも社会的地位もなにもかもふり捨てて、行動をおこしてしまうものだ。会社をメチャメチャにしたり、商店を破壊したり、わるい人たちをぶん殴ったり、場合によっては殺してしまうこともあるかもしれない。クビになったっていい、つかまったっていい、吊《つ》るされたっていい。ゼロになっておもいをとげる。あばれゆく力の爆発だ。それはまわりにしばられることのない自分というものを手にする行為であり、自分のことは自分できめるという意志表示でもある。直接行動だ。

（二）は意識していようといまいと、ひとの直接行動をあおるということだ。みずからが身を賭して決起することによって、まわりの人たちにも決起をけしかける。さきほど述べたように、ふだんひとはひどい目にあわされていても、しかたがないくらいにおもっている。それがあたりまえだ、どうしようもない、なにをやってもムダなのだと。でも、まわりでだれかひとりがたちあがることによって、たとえそれが失敗におわったとしても、いがいとやれるじゃないかとおもわせる。自分だってあれができる、これもできる。もしかしたら、ああやったほうがいいのかもしれない、こうやったほうがいいのかもしれない。各人各様にあばれゆく力を爆発させる。どんな行動をとるのかは、あんなことがあった、こんなこともあったと、じっさいの行動がひとにつたわればつたわるほど変化し、多様化していく。共鳴作用だ。

これが蜂起の二大原理である。たぶん、このふたつのイメージにピンポイントであてはまるのは暴動だろう。われしらず気づいたらあばれていて、しかもひとつの行動が共鳴に共鳴をよび、いっせいに大勢の人びとをたちあがらせていくのだから。でも、そればかりじゃない。テロリズムにも、この原理は明確にあてはまっている。みずからの行動によって、周囲の人たちをたちあがらせようとしているのだから。しかも、ひとを殺すところまでやるのであり、自分も死んだっていいとおもってやるのである。ゼロだ、かんぜんにゼロになっている。いわば蜂起の極限であり、おもいきり純粋な直接行動である。おそらく、ひとがテロリズムにひきつけられるとすれば、その純粋さゆえだろう。たとえば、民衆がガイ・フォークスを愛するのは、かれがわが身をかえりみずに宮廷爆破というむちゃくちゃな行動にうってでたからであり、しかもかんたんにつかまって首を吊るされたからである。あるいは、ナロードニキの行動が民衆の心をうったのは、たんにアレクサンドル二世の暗殺に成功したからとかそういうことではない。なんどもなんども暗殺に失敗し、そのたびにメンバーの首が吊るされていったにもかかわらず、それでもたちあがっていったかれらの志に胸をうたれたのである。まるで、その行動をつうじて、こううったえかけているかのようだ。見返りはいらない、たちあがれ。犬死に、よし、と。

テロリズムは「犠牲と交換のロジック」に呑みこまれる

でも、純然たる直接行動というのは、その純粋さゆえにそうじゃないものへといっきに反転してしまう危険性がある。たとえば、第三章で述べたように、ストライキには蜂起的な側面がある。身を賭してたちあがり、クビになってもいいから工場であばれまくる。そうして、労働者という自我の仮面をひきはがしてゼロになろうとするのであるが、その行為をつづけているうちに、ややもすると、つぎのような心情をうみだしてしまうこともある。せっかく身を粉にしてたたかっているのだから、これだけ自分を犠牲にしてたたかっているのだから、せめてこのくらいの見返りはえられなくてはならない、と。もともと、自分なんてどうなってもいいやとおもってたちあがっていたはずなのに、めいっぱいがんばればがんばるほど、それをムダにしてはいけないとおもい、自分の行動に対価や見返りをもとめてしまうのだ。たぶん、自分だけじゃなくて、まわりの人たちががんばっている姿をみたりすれば、もっとそういう気持ちがつよくなるだろう。ひとたびこの心情にとらわれると、ものとりのためのというか、どれだけ物的成果を獲得することができるのか、そのためのストライキに駆りたてられることになってしまう。自分の行動がカネではかりにかけられる。それがいやでストライキをうったはずなのに。あべこべだ。いったい、なにがおこっているのだろうか。本書でくりかえしとりあげているヴァネーゲムは、この点について、つぎのように述べている。

革命が自己犠牲をもとめた瞬間に、革命は存在しなくなってしまう。革命のために身を捧げるということは革命を物神崇拝するということとおなじことだ。……犠牲を拒否するということは、交換を拒否するということだ。カネで交換できるとか、できないとかという物の世界なんてどうでもいい。そこでは人間と物が同等のものとしてあつかわれてしまう。個人をほかの物に還元することなんてできやしない。個人は交換できないのだ。個人はただ変化を必要としている。

(Raoul Vaneigem, The Revolution of Everyday Life, Black & Red, 1972の「第一二章」を参照のこと。以下のサイト http://library.nothingness.org/articles/SI/en/pub_contents/5 でよむことができる)

ようするに、自己犠牲という発想がでてきた時点で、その革命運動はもうダメだということだ。もともと資本主義は「犠牲」を媒介にして、ひとを交換可能なものにしてきた。自分はこれだけのことをしたのだから、これだけの対価がほしい、報酬がほしいと。犠牲をはらったわけだから、それがあたりまえのことであり、道徳的にただしいことだというのである。で、革命運動というのは、そういうふうにひとが物みたいにあつかわれていることに反対していたわけだが、いちど犠牲ということばをつかいはじめたら、やはりおなじように交換のロジックにのみこまれてしまう。たくさんの犠牲をはらって、たくさんの苦労をしたんだから、その分、たくさんの報酬をもらいましょう、それでまわりから評価されているひとがエラいんだと。でも、それじゃ資本主義とおなじことだ。だから、ヴァネーゲムは、そういうのはもうやめましょうといっているのである。ことばとしてすごくわかりやすいのであえてつかっておくと、思想家の白石嘉治《しらいしよしはる》さんは、このことを「犠牲と交換のロジック」とよんでいる。

そして、このロジックがいちばん極端なかたちであらわれるのが、テロリズムだ。ひとによってかんじかたはちがうのかもしれないが、たぶんストライキ以上に、テロリズムはこのロジックにおちいってしまう危険性がたかいといえる。他人を殺して、自分も死ぬつもりでその行動をうっているのだから。ある種、犠牲の極限みたいなものだ。これだけ犠牲をはらっているのだから、それなりの政治的効果がなくてはこまる。そのためにはすくなくともひとを殺すだけの理由づけというか、ぜったいにただしい大義が必要だ。だれだって、やむをえず殺すんだ、大義のためにはしかたないんだといいたいだろう。あればみんながそれにすがりつく。また、どうせ死を覚悟してやるからには、やっぱりなんとかして成功させたい。もしかしたら、そのためにはどうしても必要だということで、秘密組織をたちあげることもあるかもしれない。権力に察知されずに、迅速にことをなしとげる。バレたら処刑である。上からくだされる命令には絶対服従だ。

しょうじきにいうと、さきほど例にあげたバクーニンも、そういう秘密組織みたいなのをつくって蜂起をあおろうぜといっていたことがあった。これ、アナキズムじゃないんじゃないのといいたくもなるし、そういえるのだが、たぶんここでおこっているのは、おなじく「犠牲と交換のロジック」だ。気づいたら、大義名分のためにはなにをやってもいいみたいになっていて、ひとつの物差しというか、ひとつの尺度から、自分や他人を物みたいに考えるようになっている。ことをなしとげるためには、組織のいうことをきいて、自分を犠牲にすることだっていとわない。きっと、そういう秘密組織がなかったとしても、おなじことをするのだろう。はじめは身を益なきものにおもいなすというか、ゼロになるために、自由になるために行動をうっていたはずなのに、しらずしらずのうちに、ぜったいにただしい大義のために、ひとつの尺度のために行動するようになっていたりする。本末転倒だ。でも、テロリズムをやろうとすると、おうおうにしてそうなってしまう。諸刃《もろは》の剣。つかってみたら、いたい、いたい、いたい。

ギロチン社

さて、ここまでテロリズムについて、とくにアナキストの蜂起にしぼって検討してきた。では、日本ではどうだったのだろうか。第一章でもふれたように、一九一〇年、未遂におわったものの、幸徳秋水たちは爆弾で天皇をやっつけようとしてクビをつるされてしまった。そのあとを継いだ大杉栄は、テロリズムとはいわない。そりゃそうで、兄貴分たちがめちゃくちゃ弾圧されているのだから。暴動でもストライキでも自由恋愛でも、もっといろいろありうる蜂起の可能性をさぐろうとしていた。でも、そんな大杉も一九二三年九月一六日、甘粕正彦《あまかすまさひこ》ひきいる憲兵隊に虐殺されてしまう。じつは、日本でアナキストによるテロリズムがおこるのはこの直後のことだ。かたき討ち。当時、大杉一派といわれていた和田久太郎《わだきゅうたろう》と村木源次郎《むらきげんじろう》、それにギロチン社のメンバーがくわわって、大杉殺しの責任者といえる人物を討ちとろうとした。これ、ひとによってはあくまでかたき討ちであって、テロリズムではないというひともいるのだが、和田や村木はまだしも、ギロチン社のメンバーはその団体名からもわかるとおり、テロリズムをやるためにあつまった人たちである。そんな人たちをテロリストとよばないのはちがう気がする。せっかくなので、ここでギロチン社のリーダー的な存在であった中浜哲《なかはまてつ》が、どんなひとで、どんな考えをもっていたのかをすこしくわしく紹介しておきたいとおもう。

中浜哲は、本名を富岡誓《とみおかちかい》という。一八九七年、福岡県企救郡東郷村《ふくおかけんきくぐんとうごうむら》（当時、現在は北九州《きたきゅうしゅう》市）でうまれ、実家は郵便局をいとなんでいた。小倉《こくら》中学校にすすみ、そのころから本をよんで社会主義に興味をもった。一九一三年、中学校五年生のときに初恋をするが、その子を金持ちにうばわれてしまう。ちくしょう。カネ、カネ、カネ。腹いせなのかなんなのか、中浜は自分の父親のカネ、二〇〇円を盗みとり、ひとり上海《シャンハイ》へとむかった。ちょうど、中国《ちゅうごく》で第二革命がおこっていたときだったので、それをみてみたいとおもったのだ。でも、いってみたら革命はおわっていて、しょんぼりしてかえってきた。父親は大激怒。中学も落第してしまったため、父親にお坊さんになれとかいわれて、仏教系の学校にいかされそうになったが、なんとかこれをつっぱねた。山口《やまぐち》県の興風中学に入学する。陸軍幼年学校の予備校みたいなところだ。一九一五年、卒業。その後、陸軍士官学校への進学を希望したがうからない。しょうがないので、東京《とうきょう》にでて早稲田《わせだ》大学英文学科の予科に籍をおいた。その後、中国の革命運動に関心があったこともあって、宮崎滔天《みやざきとうてん》の家にでいりした。ふたたび革命の気運があるというので、中国にいったりもしている。たのしそうだ。

帰国するとまもなく、兵役を課せられて軍隊にはいった。中国にいったことがあるというと、通信兵にきたえられて中国の天津《てんしん》に赴任することになった。一九一七年、ちょうど兵役がおわり、さてかえろうかというそのときにロシア革命がおこった。やばい、なんかたのしそうだ。中浜は、ボルシェビズムにひかれた。どんな思想かまなんでみたい。でも、そうおもっていたら、シベリア出兵だのなんだのといわれて、除隊が無期延期になってしまった。ふざけんな。ブチキレた中浜は、しりあいになった軍人や新聞記者たちと労東団という結社をつくり、シベリア出兵に反対するパンフレットや新聞記事をだしたりした。このころから、「中浜哲」を名のったという。しかしこれがバレてしまって、中浜は憲兵に逮捕された。二ヵ月間とらえられていたが、証拠不十分で釈放された。その後、帰国の命令がくだり、しばらくして除隊となった。はれて自由だ。

どんとこい、くそったれの人生

一九二〇年、中浜は加藤一夫《かとうかずお》の自由人連盟《じゆうじんれんめい》にはいった。ちょうど、大杉栄たちが日本社会主義同盟《にほんしやかいしゆぎどうめい》とかをつくっていて、いくぜストライキ、いくぜ一揆、いくぜ暴動と、人びとをあおりはじめていたころである。血気さかんだった中浜も、演説会をうっては、警官と乱闘。

演説をしてはつかまり、演説をしてはつかまりとそのくりかえしであった。でも、ある日、釈放されて、ひさびさにシャバにもどってくると、自由人連盟の事務所にはだれもいなかった。ほんとはみんな大阪《おおさか》の運動の支援にいっていて、留守だっただけなのだが、中浜は、みんなオレを見捨てて解散してしまったんだとかんちがいし、絶望してしまう。事務所をめちゃくちゃにし、イスやら机やらを売りはらって、そのカネをもって放浪の旅にでた。いちど故郷にもかえっている。

実家にもどってみると、父親と兄が病にふせっている。年老いた母親はもうヨボヨボになっていて、まだおさない弟が必死に一家をささえている。そうこうしているうちに、兄が死んでしまった。マジかよ。中浜は、まよった。社会主義だのなんだのと、もうそんなことをいうのはやめにして、家を継いだほうがいいのではないか。父さん、母さん、弟よ。まよいにまよったあげく、中浜は決意した。トンズラだ、トンズラしかない。かれはふたたび放浪の旅にでた。そしてこのとき、ある真理にたどりついたという。どうせ、ひとは死ぬのであると。単純だ。親孝行をして、道徳的にまわりの評価をえたってしかたないじゃないか、どうせひとは死ぬのだから。社会運動だっておなじことだ。がんばって活動をして、生活をよくしたってしかたないじゃないか、どうせひとは死ぬのだから。ひとはムリになにかを所有したり、蓄積したりしようとするから、やれ、オレのものがうばわれたとか、やれ、オレのものがなくなったとか、嘆き悲しむのである。だったら、はじめからぜんぶ捨ててしまえばいい。まっさらな状態になって、ゼロになって、自分を殺してしまえばいいのである。中浜は、これをニヒリズムの哲学とよんでいる。

さいしょ、中浜は自殺することを考えていた。でも、それじゃあ、ちょっとつまらない。どうせ死ぬのだから、せっかくだしわるいやつでもやっつけてみようか。カネでもモノでも名声でも、たくさんあつめたやつがエラいというのが支配者であり、そいつのせいで、みんなが苦しんでいる。だったら、その支配者をぶっ殺して、自分もつるされて死ぬことにしよう。かれは、その心境をつぎのようにまとめている。

……どうせ死ぬならひとを殺して、その殺すことが社会のためになろうがなるまいがそんなことはどうでもよい、自分がひとを殺すことによって自分を死なし、自分を解体せしむるテロリズムを遣ろうとしたのであります。

（トスキナアの会編『中濱鐵　隠された大逆罪』皓星社、二〇〇七年、五四頁）

ニヒリズムに依《よ》るテロリズムを実行すること。なんにもいらない。それをやったことで、なにか成果がえられるかどうかとか、そんなことはどうでもいい。自分自身を解体したい、ただ純粋に自己否定をおこないたい。それが中浜のニヒリズムであり、テロリズムであった。いいかわるいかは別として、いきつくところまでいきついている気がする。さて、そんなことを考えながら、ふらふらと旅をしていると、一九二二年二月、埼玉《さいたま》県蓮田《はすだ》市にあった小作人社にたどりついた。古田《ふるた》大次郎《だいじろう》という青年とであう。古田は寡黙なひとであったが、なぜか中浜とはうちとけた。すぐに仲よくなった。古田は、ちょうど失恋のどん底にいたらしく、はなしながら涙をボロボロとながしていた。中浜も、わかる、わかるよといって、つられて涙をながした。むかし自分があじわった失恋におもいを重ねてしまったのかもしれない。ふと、古田が自分はどうなってもいいとか、死を賭して社会変革のためになにかをやってみたいとかいいはじめる。おお、これは。中浜は、自分のテロリズムにたいする熱いおもいをかたってみた。古田は、即答でおれもやるといった。ふたりで死を賭した行動の盟約をむすぶ。ゆびきりげんまん。なんだろう、根拠はないけどやれる気がする。やるならいましかねえ。どんとこい、くそったれの人生。

裕仁をヤッツケロ

ふたりはテロリズムをやることにきめた。ちょうど、日本にイギリスの皇太子がやってくるというので、とりあえず標的をそこにさだめた。でも、ほんとうにいいのだろうか。自分たちのやったことで、まわりのアナキストたちに迷惑をかけることはないだろうか。いがいとまじめである。中浜は、いったん大杉栄に相談することにした。じつはこれ、リスクがたかい。大杉は、いつも警察にみはられているからだ。でもいくしかない。中浜は電気修理工のふりをして、大杉の家を訪問した。あって、自分のおもいのたけをぶちまけてみた。しょうじき、中浜は反対されるとおもっていた。大逆事件の苦い経験もあるし、大杉は労働運動などの大衆運動にしか興味がないとおもっていたのだ。

しかし、はなしてみるといがいやいがい。反対はされなかった。テロリズムをやれば、成功したにしても失敗したにしても、社会運動はメタメタに弾圧されるだろう。でも、それもやむをえないとおもってやるのであれば、オレはとめたりはしない。ひとの行動にいいもわるいもなく、そのときはダメだとおもっていても、気づいたらそれが革命運動を何十年もはやめていたということだってあるのだと。そのあと、ロシアのマフノ運動のはなしをしてくれて、数人の不良少年が武装蜂起し、やがて白軍も赤軍もおびやかすゲリラ戦を展開するにいたったことなどをおしえてくれた。しかもなにもいっていないのに、軍資金が必要だろうとかいってカネまでくれた。そのあと、大杉側近の村木源次郎がピストルまで貸してくれている。大杉、いいひとだ。中浜は、大杉が好きになった。

よし、やろう。中浜は、ひとりピストルをもって箱根《はこね》までいって、イギリス皇太子をつけねらったが、うまくできなかった。うん、これは準備不足だ。それに、やっつける相手がイギリス皇太子というのもちょっとちがうのかもしれない。古田と相談し、やっぱりやるなら日本の皇室じゃないかという結論にたっした。しかも大正天皇ではいけない。病弱でもう死にそうだからだ。殺すなら、つぎの天皇である裕仁《ひろひと》にしよう。このことを、中浜はつぎのように述べている。

自分と古田とはさように我国の主権者暗殺ということを目的としたのであります、そこで天皇は病体で廃疾者も同様で問題とするにたらぬ、まず摂政の宮なる皇太子を遣っ付けねばならぬ、しかもその結婚までに遣っ付けねばならぬということにしました、なんとなれば結婚せば子どもはすぐできるでしょうから子どもができればそれだけ遣っ付けるべき目標が増えるわけであるからです、さように皇太子を遣っ付ければ次は秩父宮、高松宮と次々に倒さねばならぬということにしたのでありま す、そこでまず皇太子をその結婚までに暗殺しようとかかったのであります……。

（前掲書、六一頁）

これすごいのは、中浜が逮捕されたあと、裁判でしゃべったことばだということだ。このせいで、かれは強盗しかしていないのに死刑になっている。覚悟のうえだ。さて、とはいえまだまだ準備不足だということで、中浜はいろんな運動にかかわって同志をつのり、古田は図書館にかよって爆弾のつくりかたを研究した。中浜は、一九二二年八月には自由労働者同盟というのを結成し、信越《しんえつ》電力の工事現場で朝鮮《ちようせん》人労働者が虐殺された事件をしらべたりしている。このときに朝鮮人のグループとも接点をもったようだ。のちに、このツテをつかって武器を入手しようとしたりする。一〇月には、東京の西早稲田《にしわせだ》におおきな家をかりて、そこに続々とゴロツキたちがあつまりはじめた。ここでギロチン社をたちあげている。テロリズムの決行をちかいあった友人グループで、こむずかしいルールなどもなく、わきあいあいとやっていたようだ。

まずはなにをしようか。とりあえず、軍資金がない。カネをためよう。中浜たちは、リャクという手段をとった。リャクとは略奪のリャクのことで、金持ちをおどしてカネをもらいうけるということだ。ガンガンやって、カネをかせいだ。わーい、カネだ、カネだ。じゃあ、これで決起かというと、そうはならない。よく考えてみると、テロリズムをはじめたらいつ死ぬかわからないわけで、人生に悔いがのこらないようにしておきたい。ふと気づいたら、みんなカネをふところにいれて、遊郭にむかっていた。すぐにカネがなくなった。またリャクをやって、カネをかせぐ。また遊郭へとむかった。そしてまたリャクをやった。そうこうしていうちに、一九二三年九月をむかえた。関東大震災《かんとうだいしんさい》。中国人、朝鮮人、社会主義者がバシバシと殺されていく。一六日には、大杉栄も殺されている。伊藤野枝《いとうのえ》や、まだ六歳だった甥《おい》っ子の橘宗一《たちばなむねかず》もいっしょだ。ひどい、ひどすぎる。こりゃもう、かたき討ちしかない。

だれをたおそう。もちろん、陸軍憲兵の甘粕正彦大尉が大杉を殺したというから、ほんとうはそいつを討ちたいのだが、ざんねんながらもうつかまっている。じゃあじゃあということで、その弟をやっつけることにした。中浜は、いちばんわかかった田中勇之進《たなかゆうのしん》にいってこいという。田中はイヤがった。弟は関係ないだろう、どうしてもやるというなら、おまえがやれよといったのだが、中浜はきかない。おれはもっとエラいやつを殺すんだ、とりあえず、おまえは傷つけるだけでもいいからやっちゃいなよ、やっちゃいなよとハッパをかけた。一〇月四日、田中は短刀をもって襲撃。失敗してとらえられた。中浜からしたら、まだ一〇代だった田中を、これから自分たちがやる殺人にまきこみたくなかったのかもしれない。でも、仲間はそうはおもわなかった。おまえ自分がやりたくないことを他人にやらせるなんて最低だぞ、責任とれよと。

中浜がみんなに責められているようすをみて、親友の古田がうごいた。オレがなんとかしなければ。一〇月一六日、仲間数名と大阪市外の小阪にいき、十五銀行を襲撃した。中浜の汚名返上とばかりに、いっきに大金をせしめようとしたのである。でも、結果はさんざんなものであった。古田は、銀行員に反撃されてとっくみあいになり、ふとしたはずみで、相手にナイフが刺さってしまう。死んでしまった。現金もうばえなかった。古田は逃げのびたが、それから表だって行動することはできなくなった。やっちまった。古田は東京に潜伏した。そのころから、もともと大杉と行動をともにしていた村木源次郎と和田久太郎もかたき討ちをやるというので、いっしょにうごくことにした。関東大震災のとき、戒厳令司令官であった福田《ふくだ》雅太郎《まさたろう》陸軍大将を討ちとることにきめた。

一一月から、中浜と古田、和田は武器入手のために、朝鮮の京城《けいじょう》（現在のソウル）にわたって義烈団《ぎれつだん》と交渉した。ピストル五丁と爆弾一〇個を売ってください。日本人だったからだろうか。すげえ高値をふっかけられた。くそ、ムリか。東京にもどると、すぐに村木がカネをつくってくれた。さっそく朝鮮にわたり、カネをわたすが、義烈団は旅先でカネを盗まれたとかいって、いっこうに武器をくれない。もっとカネをくれという。和田はあきれて帰ってしまった。中浜は、あせった。このままじゃいけない。ひとり古田を京城にのこし、カネをつくりに日本にもどった。大阪にいく。一九二四年三月三〇日、中浜は仲間をひきつれて、有名な実業家、武藤山治《むとうさんじ》らがやっていた実業同志会《じつぎょうどうしかい》事務所にでむいた。リャクである。ここで一発、大金をつくるしかないとおもったのだ。でも、警察にまちぶせされていて、けっこうあっさりとつかまってしまった。やられた、くやしい、こんちくしょう。なにもできない、オレ。

ただじゃ死なない、辞世の句

そのあと、テロリズムを決行したのは古田だった。朝鮮での武器入手をあきらめ、東京の和田、村木と合流する。ギロチン社の仲間がダイナマイトを盗んできてくれたので、その火薬をつかって爆弾をこしらえた。図書館にこもって勉強した成果がでたのである。一九二四年七月、谷中《やなか》の共同便所にほうってみたらうまくいった。そのあと、青山《あおやま》墓地でも試爆に成功。よっしゃ、これでいける。九月一日、和田、村木とともに、福田雅太郎を襲撃した。三人で、三つの場所でまちぶせしておいて、福田の乗った車がとおりすぎようとしたら、爆弾を投げつけるという手はずであったが、どうも和田の目のまえで、福田が車からおりてきたらしい。和田は、とっさにピストルをぶっぱなしたが失敗。そのままとりおさえられて、つかまってしまった。古田と村木は、その場をたちさる。

ここからの古田はすごい。村木といっしょに東京、大井町《おおいまち》の隠れ家に身をかくし、そこから外にくりだして、なんども爆弾をなげた。九月三日、まず古田は、和田が勾留《こうりゅう》されていた本郷本富士《ほんごうもとふじ》署に、タバコ缶爆弾をほうったが不発。くやしくて地団太をふんだ。九月六日、こんどは福田の自宅に小包式の時限爆弾をおくった。これは爆発したが、けが人はでなかったらしい。どうも福田の娘さんがうけとったが、シューッと白い煙がでたのをみて、あやうく逃げだしたのだという。そのあと九月八日には、なぜか列車転覆をはかり、銀座《ぎんざ》の線路に爆弾をしかけたりしている。このときは爆音をとどろかせたが、それだけで列車に被害はでなかった。やばい、たのしい、もっとやりたい。つぎはどこになげよう。もっとひとに注目されるところになげてみたい。古田は、白木屋《しらきや》という百貨店になげることにきめた。九月九日、いってみると、子連れのお母さんたちがたくさんいる。うん、これはダメなやつだ。古田は隠れ家にもどり、村木に相談した。やっぱり、警視庁あたりになげるのがいいんじゃないかと。村木も、そりゃそのほうがいいねという。よし、明日いこう。

翌朝、電報ですという声がきこえてきたので、古田はギロチン社の同志からだろうとおもって、ハイハイとドアをあけた。油断していた。私服警官がどっとなだれこんできて、一瞬にしておさえこまれてしまった。まもなく、村木もとりおさえられた。さて、これでおしまいかというと、もうちょっとだけある。じつはすでに拘留されていた中浜。なにもしていなかったわけではない。大阪の刑務所に面会にきてくれた友人に、こっそりと脱獄計画を指示していた。なにがなんでも逃げだして、福田を、そして裕仁をやっつけてやる。爆弾をほうりなげ、刑務所を爆破して逃げだそうとしていた。でも、その計画は警察にかんぜんにつつぬけだったらしく、九月末には、その計画にかかわろうとした友人たちが、のきなみ検挙された。一網打尽だ。ざんねん、無念、おしまいだ。

その後、裁判で、どうなったのかというと、まず古田が死刑。一九二五年一〇月一五日につるされた。享年二五歳。むろん、中浜も死刑だ。一九二六年四月一五日につるされた。享年二九歳。いっしょにかたき討ちをやった和田が、無期懲役。でも、一九二八年二月二〇日、秋田《あきた》刑務所で自殺してしまった。享年三五歳。村木は、もともと病身でほとんどうごけなかったというのもあるのだが、裁判のまえに血をはいて死んでしまった。一九二五年一月二四日、享年三五歳。しょうじき、やったことからすれば、中浜と古田の極刑は重すぎるのだが、本人たちからすれば本望なのだろう。中浜は、友人にあてた辞世の句でこんなふうにうたっている。「菊一輪、ギロチンの上に微笑みし、黒き香りを遙《はる》かに偲《しの》ぶ」。菊とは、天皇家のことであり、それをギロチンの道づれにしてやるといっているのである。ただじゃ死なない。それがテロリズムの精神だ。

大義は「犠牲と交換のロジック」につながる

では、かれらの行動をどう考えればいいのか。わたしは、大杉栄や伊藤野枝が大好きなので、そのかたき討ちをやったとあれば、なんでも賞賛したくなる。でも、もちろん、かれらにもあやういところはあった。いや、あやういところだらけだったのだが、蜂起という観点からみて、そういえるところがあるのだとおもう。たとえば、古田はつかまってから処刑されるまでのあいだに、合計三三冊にものぼる獄中ノートをかいていて、そのいくつかが死後、出版されてベストセラーになっている。じつは最後の一冊だけ、刑務所がわたしてくれなくて、現在でも内容はわかっていないのだが、公開されているものだけでも、古田の考えはよくわかる。なぜ、わたしはテロリズムをやったのか。大杉の復讐のため？　いや、それもあるが、そうじゃないと。

僕には復讐はない、憎悪はない、怨恨はない、ただ愛と真理があるばかりだ。救いがあるばかりだ。永久に生くべき愛と真理、弱き人のための救いがあるばかりだ。人間はすべて、そのために生きなければならない。自分は努めはげんで、そのために、小さな力を捧げたのだ。

（古田大次郎『死の懺悔』春秋社、一九九八年、五五頁）

ようするに、わたしがテロリズムをやったのは、万人にたいする愛のためだというのである。復讐とか、そういうネガティブなものではない。復讐というのは、ひとの命や行動を交換可能なものと考えて、そのぶんの仕返しをしているにすぎない。わたしは、万人にたいする愛を信じている。まわりに苦しんでいるひとがいるのなら、自分の身をなげすててでも行動しなくてはいけない。それで自分の命をうしなったとしても、あるいは他人の命をうばいとったとしてもである。それは万人のためになるのだから、よりおおきな愛のためになるのだからやむをえない。支配者を討とう。それができるということをしめしてやろう。古田は、そういっているのである。

この文章をよんでおもうのは、一方でいいねということだ。なにせ、お釈迦《しゃか》さまみたいになっているのだから。ゼロだ、ゼロになっている。でも、そればかりじゃない。復讐じゃないとか、ひとを交換可能なものとしてあつかうのはよくないとかいっているのに、よりおおきな愛のためならば、よりおおきな大義のためならば、ちっぽけな自己犠牲なんてかまわない、他人の犠牲もかまわないといっているのだ。これはさすがにダメなんじゃないのか。ここまでくると、人間がちょっと交換可能とかそういうレベルではなくて、ぜんぶ物みたいになっているというか、だれにでもなんでもしていいことになってしまう。だから、これはもうやってしまったのだから、そうおもいこむしかなかったのかもしれないが、刺殺してしまった銀行員にたいして、おまえはどうおもうのかと問われて、古田はこうこたえている。かれはわたしとおなじなのだ、大義のために自分の命をささげたのだと。ちょっと、ちがう気がする。

そして、この発想がこわいのは、だんだんはどめがきかなくなっていくことだ。死という犠牲をはらっているのだから、それにみあった大義をはたしていなければならない。支配者をたおし、万人を勇気づけること。それがどれだけうまくできたのか、気にしはじめたらきりがない。古田は、日増しにより強力な爆弾をつくろうとしはじめていたし、自分たちがやっていることを万人にしってもらいたいということで、どこでやれば新聞にとりあげられるのかとか、ひとの目にとまるのかとか、そういうことを考えはじめていた。鉄道、百貨店、等々。けっきょく、爆竹を鳴らすくらいにしかならなかったり、子連れの母親をみてやめてしまったりしたところがほほえましいのだが、それでもやっぱり、古田もまた「犠牲と交換のロジック」におちいっていたといえるのだとおもう。

アバヨ、アーメン、なんまいだ

さて、ここまでアナキストのテロリズムについて紹介してきた。蜂起という側面もある。でも、すごく極端なかたちで、犠牲と交換のロジックにおちいってしまうという側面もある。諸刃の剣だ。大義のためなら、自分も他人もどうしたってかまわない。大義にしたがわない人間だったら、どうしたってかまわない。ぶっ殺せ、ギロチンだ。その恐怖のイメージをもって、人びとをしたがわせる。と、ここまでくれば、フランス革命直後にジャコバン派がやっていた国家のテロリズムとおなじになってしまうだろう。この章のさいしょにいったとおりで、たぶんいまのテロ集団がやっていることは、そのなれのはてみたいなものだ。インターネットでもなんでも、より効果的に恐怖のイメージをふりまいて、人びとをしたがわせる。

むろん、現代国家がやっていることもおなじことだ。対テロ戦争という名のテロリズム。本書では、原子力国家という概念で紹介したが、もともとこの対テロ戦争というのは、どの国も一九七〇年代からやってきたことであり、さらに九・一一以降になって一般化することになった。国家は、いつテロリズムがおこるかわからないという恐怖のイメージを利用して、人びとをコントロールしている。いつだってこういえるのだ。いまは緊急事態だ、ちょっと人権侵害をするかもしれないけどしたがってね、そうしないとみんなが死んじゃうからと。まやかしだ。

でも、それでもなのだが、ひとから「おまえらテロリズムに反対しろ」とかいわれると、なんかムカついてしまう。なぜかというと、たぶんそれはあらゆる蜂起の芽をつむことばでもあるからだ。テロリズムという、ある種、蜂起の極限にあるようなものをおさえつけることで、そこからやってはいけないこと、道徳やルールをどんどんうえつけようとしてくるのだ。もしデモに足をはこぶひとであれば、警察からも、場合によっては市民団体からも、こういわれることになるだろう。「ひとに恐怖をあたえるような行動はひかえましょう」。これがおそろしいのは、武装闘争がダメとかいうレベルではなくて、いくらでも拡大解釈をすることが可能で、ひとをぶん殴ったり、物を壊したりするのはもちろんのこと、口汚いことばでさけんではいけないとか、はねちゃいけないとか、警察にくってかかっちゃいけないとか、だんだん要求がエスカレートしてくることだ。「笑顔でピースフルにあるきましょう」。おわっている、死んでいる。そんな約束、まもれない。

じゃあ、テロリズムについて、どう表現するのがいちばんよいのだろうか。べつにいまテロリズムをやろうよとか、そういうことがいいたいわけじゃない。たいていは、蜂起が反転してしまうのだから。でも、手ばなしてはいけないものがある。うばわせてはいけないものがある。来たるべき蜂起、あばれゆく力。だから、あえてこういっておきたいとおもう。ひとはなぜ、テロリズムに駆りたてられるのか。それは万人への愛ゆえだ。怒濤《どとう》のような昇天のはてに、テロリストがもとめているのはただひとつ。生きたいとおもうこと、万人のあばれゆく力を解放することだ。無償のおこないに尺度はない。もしも自分がいだいている大義というものが、これからの自分のしばりになるのであれば、そんな大義は捨ててしまったってかまわない。なにをやったっていい、なにもしなくたっていい。この身と心をいかにつかおう。ぜんぶ自由だ。アバヨ、アーメン、なんまいだ。ほる穴、ふたつ。

おわりに――わたしたちはいつだって暴動を生きている

思想としてのブラックブロック

暴力をふるうということは、生きたいとおもうこととおなじことだ。それを文字どおり肌で実感したのは、いまから八年まえ、二〇〇七年のことだ。いぜん『G8サミット体制とはなにか』（以文社）という本でもくわしく書いたことなのだが、そのころ反グローバリゼーション運動というのがさかんで、世界中に新自由主義の政策をひろめてきたIMF（国際通貨基金）、世界銀行、それからWTO（世界貿易機関）やG8サミットなどの会合がひらかれるたびに、会場付近に一〇万人、二〇万人もの人びとがあつまって、抗議行動をくむというのがならわしになっていた。わたしもそれに夢中になっていて、何人かの友人といっしょに二〇〇八年にひらかれる日本《にほん》の洞爺湖《とうやこ》サミットに反対しようとおもっていた。それで前年度がドイツのハイリゲンダムサミットだったので、そこでくまれる抗議行動を見物しにいったのだ。

とりわけ、わたしたちは海外のアナキストがやっていたブラックブロックという戦術をたのしみにしていた。カタカナでブラックブロックというと、たいそうなものにきこえるかもしれないが、やっていることは単純だ。デモにいくときに、みんなで黒いパーカーを着ていくというだけのことである。おなじ格好でフードをかぶり、密集することで、だれがだれだかわからないようにする。そうして、デモのさいちゅうに、だれかがワルさをして警官におわれたとしても、黒い隊列にまぎれこませてかばってしまうというものだ。当時、日本でもよくテレビで報道されていて、かっこいいなとおもっていたので、ついにほんものがみられるとちょっとわくわくしていた。で、念願かなったのは、ハイリゲンダムちかくの街、ロストックでひらかれたデモのときだ。八万人のデモで、そのうち二万人くらいがブラックブロックだった。とうぜん、わたしたちも黒いパーカーを身にまとって、デモに参加する。

やはり二万人のアナキストというのは、すごいもので、もうどこでなにがおきているのかわからない。デモであるいていくと、ところどころで銀行の窓ガラスがわられていたり、スーパーの看板がぶっ壊されたりしている。あとでインターネットの動画をみせてもらったら、黒いパーカーの子がデモ隊の横断幕にかくれて鉄のステッキをとりだし、一瞬で敷石をはがしていた。それを周囲の子たちがわれさきにと手につかみ、窓ガラスにむけて放っていくのだ。手なれている。でも、あんがいそのときはなにごともなくて、デモはぶじに終了した。

おもしろくなったのは、そのあとのことだ。おおきなNGO団体が公園で集会をひらいていたのだが、そこに警官隊がのりこんでこようとした。すかさず、黒いパーカーの子たちが隊列をくんでとおせんぼする。ハウ、ハウとさけびながら、警官と対峙《たいじ》していたので、おもしろそうだとおもっていってみると、なんかうしろから空きビンや石ころがビュンビュンとんできた。警官にあたる、わたしにもあたる。いたい。ムッとしてうしろをむくと、みんなダッシュして逃げている。ハッとわれにかえって、まわりをみると、みんな四方八方に散っていた。まえをみると、鬼みたいな警官たちが、こん棒をもって突進してきた。やばい、わたしもダッシュして逃げた。

あるていど走ってから、周囲をみわたすと、何人かは警官におしたおされて、こん棒でバシバシとぶったたかれていた。いたい、いたい、いたい。距離をとった黒い子たちが、ムカついてまた石をなげつける。またおわれて、また逃げる。そのすきをついて、だれかがパトカーに火をつけた。モクモクと煙があがると、それを合図にある者はパトカーの、いや正直にいうと、そこら中にあった車に火をつけたり、ステッキで窓ガラスをたたきわったりしていた。パンクさせたり、スプレーをぶっかけたりしている子もいた。だんだんと、みんなの躊躇《ちゅうちょ》がなくなっていく。やっているうちに、うごきがはやくなっていくのがわかった。火の手があがり、石ころや空きビンが宙を舞うなかで、体がどんどん柔らかくなっていくのを感じた。気づいたら、みんな石ころをひろってなげている。もちろん、はじめから警官とケンカしようとおもっていたひとばかりではないだろう。でも、いちど火がついたら、もうとまらない。ちょっとした暴動状態だ。きっと世のなかには、もっと規模がおおきくて、あらっぽい暴動がいっぱいあるんだろうが、その場にでくわしたひとがあじわうのはおなじような感覚なんじゃないかとおもう。

本書では、こうした暴動状態をつくりだすことを蜂起《ほうき》とよび、その特徴をふたつにまとめてきた。ゼロになること、そして共鳴作用である。ブラックブロックが意識的にやっていたことだ。おなじ格好をして、真っ黒な塊になり、みんなが匿名の存在になっていく。ゼロになるのだ。自分がどこのだれだかなんて関係ない。仕事も、家も、学校も、もうどうだっていい。なんだってできる、なんだってやっていい。そうやって、自由な行動の余地を最大限にひきのばしていく。ふだんならやらないようなことでも、いがいとできることがわかってくる。あれもできる、これもできる。あなたもできる、わたしもできる。気づけば、みんなの心に火がついていて、ものすごいスピードでうごいている。それが共鳴作用というものだ。もちろん、どんな行動でも具体的なうごきかたについては、なんどもやっているうちに警官によまれてしまうものであって、手をかえ品をかえてやっていく必要があるとおもうのだが、しかしゼロになったり、共鳴をよびおこしたりすること自体は、これからも変わることがないんじゃないかとおもう。

わたしたちはいつだって暴動を生きている

それで、しばらくブラックブロックっていいよねといいつづけていたのだが、そういうことをいっていると、むかしからよくこんな批判にさらされてきた。「あなたたちは暴動のはなししかしないよね」と。もっともだ。まあとはいえ、この批判には暴動なんて一過性のものにすぎない、目のまえのたのしさばかりじゃなく、もっと未来をみすえた運動をやるべきじゃないかという意味がふくまれている。だから、はっきりとこういっておかなくてはならないのだとおもう。もともと、わたしたちは暴動を生きているのだと。本書では、暴力とは力があばれゆくということだと述べてきた。あれがしたい、これがしたい。そういう生きたいとおもう力をおもうぞんぶん発揮してみる。それがあばれゆくということであり、そういったうごきこそが暴動である。じつはこれ、だれもが日ごろあたりまえのようにやっていることであり、ただおもしろそうだから本を手にとってみるとか、ただ好きだから、ただセックスがしたいから恋人をつくってみるとか、そういうことだ。損得計算をして、そうしているわけではない。純然たるおもい。いがいと、ひとは日常的にゼロから出発してものを考えている。そして気づいたら本の著者とでもいいし、恋人とでもいいのだが、たがいに共鳴して力をたかめ、それを充実させている。わたしたちはいつだって暴動を生きているのだ。

このあたりまえのことをあたりまえのようにやらせてくれたなら、きっとなにもおきないにちがいない。ふつうにたのしく暮らすだけのことだ。でも、そうはさせてくれないのが権力というもの。会社でも家庭でも学校でも、これが生きる価値だというのを勝手にきめてきて、それにしたがわないものたちを容赦なくはじく。この資本主義社会だったら、よりおおくのカネをかせぐというのが尺度だろう。ほんとうのところ、日常生活の大半はカネをかせぐこととは無関係で、しかもそうじゃない時間のほうが人生にとってたいせつな経験であることのほうがおおいのに、なぜかカネにならない時間はムダだといわれたり、意識的にそれをやったりすることが不埒《ふらち》だとか、反社会的だとかいわれてしまう。ずっとそういわれつづけていると、だんだんと力をひとつの尺度のもとでしかうごかしてはいけないとおもってしまう。あとはもう生きのびて、しゃにむにはたらいて、税金をしはらう。そのくりかえしだ。くそったれ。権力がさきに手をだしてきた。逃げても、逃げても手をのばしてくる。だったら、その手をぶった切ってでも、逃げるしかない。やられたらやりかえせ。火をつけてでも、石をなげてでも、窓ガラスをわってでも、逃げだすのだ。あばれる力をとりもどせ。一般的に、その瞬時のできごとが「暴動」とよばれているわけである。

ごきげんよう!

もしかしたら、日本では暴動なんておきないよというひとがいるかもしれないが、そんなことはない。二〇〇〇年代にはいってからだっておこっているし、つい百年まえには米騒動という一〇〇〇万人規模の大暴動がまきおこっていた。もちろん、暴動ばかりではない。蜂起とよべる行動は、デモからストライキ、サボタージュ、フリーラブ、テロリズムにいたるまで、それこそいくらでもやられてきた。本書で紹介した幸徳秋水《こうとくしゅうすい》、大杉栄《おおすぎさかえ》、伊藤野枝《いとうのえ》、中浜哲《なかはまてつ》は、みんなわかくして怒濤《どとう》のように昇天していってしまったが、それでもやることはやっていた。みずからゼロになって、まわりの心と体に火をたきつけたのだ。すべてを燃やしつくし、空っぽになっておもいきり自由に生きてみよう。たぶん、いまだってやることはおなじことだ。わたしたちの生を負債化する原子力国家。死の恐怖をまのあたりにさせて、生きたいとおもう力を無力化させてしまう。生きのびたければ、ぜったいにしたがえ。ピイピイいっているやつがいたら、みんながキケンにさらされる、迷惑だと。あらかじめ負い目をせおわせて、人びとを全面的に屈服させてしまう。

はやいもので、福島《ふくしま》の原発が爆発してから四年がたつが、放射能がとびちってしまってからは、この生の負債化が暴走しているようにおもわれる。すくなくとも、東北関東《とうほくかんとう》では放射能があぶないというと生活がなりたたない。だから生きのびたければ、放射能はあぶないというなとか、いまだにさわぐやつがいれば、そいつはヒステリーだとか、人びとの生活をおびやかす危険分子だとかいわれてしまう。あべこべだ。もはや生きのびるということは、生存維持ですらなくなってしまっている。国にたいして、よりよい生きのびかたをしめしたってムダなことだ。よりよい放射能の食いかたなんてないのだから。交渉の余地はない。じゃあ、どうしたらいいかというとかんたんだ。生きのびることをやめてしまえばいい。自分の心に、自分の体に火をつけるのだ。なんにもなくなるまで燃えつづけていれば、かならず周囲にも火の手があがっている。火の海だ。あれもできる、これもできる。きみにもできる、わたしにもできる。それはなんにもしばられずに、好き勝手に生きたいとおもうことであり、その産声をあげるということだ。おぎゃー、おぎゃー。あばれる力がいまにも爆発しようとしている。さて、もう準備はできただろうか。生きるということは、あばれる力を手にするのとおなじことだ。ごきげんよう！

＊

最後になるが、本書をかくことができたのは、ひとえに編集者の岸山征寛《きしやまゆきひろ》さんのおかげである。毎月、おいしいお酒をごちそうになりながら、岸山さんの熱いおことばをきくことができたのが、まちがいなく執筆の原動力になっている。心から感謝の意をしめしたい。それから、最後までつきあってくださった読者のみなさまにも。ありがとうございます。またどこかでおあいできたらとおもいます。お元気で。さようなら。

二〇一五年六月末日

栗原　康

お薦め文献

※本書をよんで、暴力論についてもっとしりたいとおもったかたのために、お薦め文献を三冊だけあげておきたいとおもいます。どれもマジで名著です。よめば、かならず心がふるえるはず。ぜひ、手にとってみてください！

①

酒井《さかい》隆史《たかし》『暴力の哲学』（河出書房新社、二〇〇四年）

暴力とはなにか。非暴力とはなにか。直接行動とはなにか？　戦争とはなにか？　テロリズムとはなにか？　そういった問いの一つひとつにたいして、ファノンからキング牧師、マルコムX、ガンジー、アーレント、フーコー、ベンヤミンなど、暴力について論じている思想家をたくさんとりあげ、丁寧に解説している。本書は、いわゆる暴力論の教科書だ。

② 矢部史郎《やぶしろう》、山の手緑《やまてみどり》『愛と暴力の現代思想』（青土社、二〇〇六年）

デモとは街頭でくりひろげられるストライキのことである。周囲の支持をえるためだからとかいって、みんなで足なみをそろえて、笑顔をふりまいて行進するだなんてまっぴらごめんだ。仕事でも街頭でも、他人の評価を気にして生きるのがイヤなのである。いちど行進するのを止めてしまって、あばれてしまえ。暴力、だいじ。わたしにとって、本書は暴力論のバイブルだ。

③ 不可視委員会『来たるべき蜂起』（彩流社、二〇一〇年）

労働の動員体制を解除すること。動員解除のなかに生命力と規律をみいだし、それを表現すること。できるかぎり権力との直接対決をさけること。みずからを不可視の存在にし、それを攻撃にいかすこと。不可視になったその場から自由な生があふれだす。来たるべき蜂起《ほうき》。いかになすべきか、いかになすべきか。本書は、暴力論の参考書だ。

主要参考文献

大杉栄全集編集委員会編『大杉栄全集（全一二巻＋別巻一巻）』（ぱる出版、二〇一四年〜）
井手文子、堀切利高編『定本 伊藤野枝全集（全四巻）』（學藝書林、二〇〇〇年）
幸徳秋水全集編集委員会編『幸徳秋水全集（全九巻＋別巻二巻＋補巻一巻）』（明治文献、一九六八〜七三年）
伊藤整編『日本の名著（44）幸徳秋水』（中央公論社、一九八四年）
神崎清『革命伝説 大逆事件（全四巻）』（子どもの未来社、二〇一〇年）
飛鳥井雅道『幸徳秋水――直接行動論の源流』（中央公論社、一九六九年）
飛鳥井雅道編『大杉栄評論集』（岩波書店、一九九六年）
飛矢崎雅也『現代に甦る大杉榮――自由の覚醒から生の拡充へ』（東信堂、二〇一三年）
井手文子『自由それは私自身――評伝・伊藤野枝』（筑摩書房、一九七九年）
瀬戸内寂聴『美は乱調にあり』（角川学芸出版、二〇一〇年）
トスキナアの会編『中濱鐵 隠された大逆罪――ギロチン社事件未公開公判陳述・獄中詩編』

（皓星社、二〇〇七年）
古田大次郎『死の懺悔――或る死刑囚の遺書』（春秋社、一九九八年）
ジェームズ・C・スコット『ゾミア――脱国家の世界史』（佐藤仁監訳、みすず書房、二〇一三年）
『完訳 水滸伝（全十巻）』（吉川幸次郎・清水茂訳、岩波書店、一九九八年）
与謝野晶子『与謝野晶子の源氏物語（上、中、下）』（角川学芸出版、二〇〇八年）
中沢啓治『コミック版はだしのゲン（全十巻）』（汐文社、一九七五〜一九八七年）
堀江邦夫『原発ジプシー 増補改訂版――被曝下請け労働者の記録』（現代書館、二〇一一年）
ロベルト・ユンク『原子力帝国』（山口祐弘訳、社会思想社、一九八九年）
ジョージ・ウドコック『アナキズム（Ⅰ、Ⅱ）』（白井厚訳、紀伊國屋書店、二〇〇二年）
E・H・カー『バクーニン（上、下）』（大沢正道訳、現代思潮新社、二〇一三年）
旭季彦『ナロードニキ――運動とその文学』（新読書社、一九九一年）
ガラクチノフ、ニカンドロフ『ロシア・ナロードニキのイデオローグ』（小西善次訳、現代思潮新社、二〇〇八年）
田坂昂編訳『ロシア・ナロードニキ運動資料集（Ⅰ、Ⅱ）』（新泉社、一九七六年）

チャールズ・タウンゼンド『テロリズム』（宮坂直史訳、岩波書店、二〇〇三年）
『アンテルナシオナル・シチュアシオニスト（全六巻）』（木下誠監訳、インパクト出版会、一九九四～二〇〇〇年）
Raoul Vaneigem, The Revolution of Everyday Life, Black & Red, 1972.
※邦訳は、ラウル・ヴァネーゲム『若者用処世術概論』（谷口清彦訳、夜光社、近刊）

本書は書き下ろしです。

栗原　康（くりはら・やすし）
1979年埼玉県生まれ。早稲田大学大学院政治学研究科・博士後期課程満期退学。東北芸術工科大学非常勤講師。専門はアナキズム研究。『大杉栄伝―永遠のアナキズム』（夜光社）で第5回「いける本大賞」受賞、紀伊國屋じんぶん大賞2015第6位。注目を集める政治学者である。個性溢れる文体から紡ぎ出される文章は、まるで講談を聞いているかのようにリズミカルで必読。他の著書に『G8 サミット体制とはなにか』（以文社）、『学生に賃金を』（新評論）、『はたらかないで、たらふく食べたい 「生の負債」からの解放宣言』（タバブックス）がある。

現《げん》代《だい》暴《ぼう》力《りょく》論《ろん》
「あばれる力《ちから》」を取《と》り戻《もど》す

栗原《くりはら》　康《やすし》

2015年 8月10日　初版発行
2024年 5月20日　再版発行

◆◇◇

発行者　山下直久
発　行　株式会社KADOKAWA
〒102-8177　東京都千代田区富士見 2-13-3
電話　0570-002-301（ナビダイヤル）

装丁者　緒方修一（ラーフイン・ワークショップ）
ロゴデザイン　good design company
印刷所　株式会社KADOKAWA
製本所　株式会社KADOKAWA

角川新書

ISBN978-4-04-082034-7 C0230

KADOKAWAの新書 好評既刊

日本人とキリスト教の奇妙な関係
菊地章太

信者でなくても十字架のペンダント、聖書の売上は世界第3位。しかし信者は人口の1%未満――日本人とキリスト教の特異な関係はなぜ生まれたのか。キリシタン時代からの歴史を追いながら日本人固有の宗教観にせまる。

老い駆けろ! 人生
草野　仁

「健康」「居場所」「死」「生き甲斐」。年齢を重ねるほど現実味を帯びる人間の宿命を受け入れ、その上で明日を待ちわびながら前に進む。肩の力を抜いて老いを楽しく生きるための心構え、知恵を草野 仁が語りつくす。

知らないと恥をかく世界の大問題6
21世紀の曲がり角。世界はどこへ向かうのか?

池上　彰

宗教、経済、資源……世界は大きな転換期を迎えている。深まる混沌と対立。解決の糸口を見いだせるのか? 戦後70年、阪神・淡路大震災、地下鉄サリン事件から20年の節目に、21世紀のあるべき世界の姿を考える。

〈面白さ〉の研究
世界観エンタメはなぜブームを生むのか

都留泰作

『スター・ウォーズ』「宮崎アニメ」に『ワンピース』『進撃の巨人』等。現実と異なる「世界」を「人間」より優先して描く世界観エンタメはなぜ成立し、メガヒットとなるのか? 文化人類学者にして漫画家の奇才が徹底解析する。

情報の「捨て方」
知的生産、私の方法

成毛　眞

人生もビジネスも、どう〝情報を捨てるか〟で質が決まる。「良い情報を探す」前に、疑い、見極め、そうして活かせ。人、街、テレビ、ネット、スマホ……本当の知的生産をするための、「情報活用」以前の教科書。

KADOKAWAの新書 好評既刊

しんがりの思想
反リーダーシップ論

鷲田清一

縮小社会・日本に必要なのは強いリーダーではない。求められているのは、つねに人びとを後ろから支えていける人であり、いつでもその役割を担えるよう誰もが準備しておくことである。新しい市民のかたちを考える。

危険ドラッグ 半グレの闇稼業

溝口 敦

発売1カ月で使用者15人が死亡した「ハートショット」など、劇薬化する危険ドラッグ。なぜ蔓延したのか？ 撲滅は可能か？ 世界的な薬物事情や公的機関の対策、製造・販売業者への直接取材から、その全容に迫る。

東大医学部生だけが知る 超・知的生産法

岩波邦明

教育ベンチャーで執筆・講演活動などを行いつつ、東大医学部の非常にハードな学習をこなし、単位を一つも落とさなかった著者が実践している、短期間で最大限の成果を出すためのメソッドを紹介。

老いを愉しむ 老境の心理学

渋谷昌三

人間の発達は何歳になっても続くことがわかっています。何歳になっても、いまの自分にさらに磨きをかけて、より魅力的な人間になれる。これが、心理学が導き出した答えの一つです。人は一生、成長する！

呼吸入門
心身を整える日本伝統の知恵

齋藤 孝

数千年の叡智を、誰にでもできるシンプルな「型」に凝縮した「齋藤式呼吸法」を実践することで、精神が安定し、集中力が増し、疲れにくくなる。呼吸を通じて自己を高められる一冊。

KADOKAWAの新書 好評既刊

メシが食える教育
「官民一体校」の挑戦
高濱正伸

花まるメソッドを公立小学校へ！ 全国初の官民一体校創設がついに動き出す。「時代に取り残されないように学校も塾も変わる必要がある」と語る著者は一体どのようにこれまでの教育システムを変えていくのか？

中間層消滅
駒村康平

社会経済構造の大変化の中、社会保障制度は壊れ、所得格差が世界的規模で拡大している。トリクルダウン神話が崩壊した今、安定社会の重石たる中間層の消滅をいかに止めるべきか。歴史的視点から処方箋を考えていく。

他人の意見を聞かない人
片田珠美

他人の意見を聞かない、自己中心的な人が増えている。職場や家族のなかで、なぜ自分の都合ばかり押し通す人が増えているのか。「自分の意見が正しい」と思い込んでいる人の精神構造を分析し、対処法を探っていく。

免疫力は腸で決まる！
辨野義己

花粉症などのアレルギーや、がんなどの疾患に深く関与する免疫。実は大腸の腸内細菌が、免疫機能と密接にかかわっていることがわかってきた！ その仕組みを追いながら、腸の環境を改善し、免疫を整える方法を伝授！

図解・日本人のランキング
統計・確率研究会

ありとあらゆる調査・統計から日本と日本人のランキングを抽出し、豊富な図版でわかりやすく紹介。知的刺激を受けながら、日本の現在と自分の立ち位置がわかる人気シリーズ。